QUANDO SEUS PROTETORES FALHARAM

Curando um passado em pedaços

ANDI BULL

Tradução por Keila Vieira

Se um dia alguém te feriu, sinto muito por isso.

Espero que esta leitura te auxilie na sua cura.

"Não! Não é esse o jejum que eu quero. Eu quero que soltem aqueles que foram presos injustamente, que tirem de cima deles o peso que os faz sofrer, que ponham em liberdade os que estão sendo oprimidos, que acabem com todo tipo de escravidão."

Isaías 58:6 NVI-PT

Para Ben e Marge, por me escutarem.

Para Larry Titus, por acreditar.

Para a minha turma, por orar.

Para Ted e Zoe, por toda a eternidade.

TABLE OF CONTENTS

PARTE TRÊS
Crescendo a partir de sua história

PARTE QUATRO
Dê significado à sua história

VOCÊ IMPORTA
PARA DEUS

Sentei-me aos pés da cama de meu pai, suas mãos frágeis descansando sobre a minha.

— Está com frio?

— Não.

Sobreveio o silêncio entre nós. Conseguia escutar as vozes sussurrando, de pessoas na cozinha próxima ao quarto dele, o som das louças sendo guardadas cuidadosamente. A vida que segue apesar da tristeza. Olhei para Papai deitado ali, tão fraco e reduzido à sua fragilidade, e pensei no homem que ele havia sido antes da leucemia ter destruído seu corpo. Alto, cheio de poder, cheio de propósito, sempre ocupado, e altamente influente em sua posição de pastor de uma igreja renomada. Como criança, eu o temia e ainda assim almejava pela sua atenção. Como adulta, vivia para agradá-lo – um homem complicado.

Os olhos de Papai buscaram os meus. O que ele procurava?

Ele tomou fôlego e disse num sussurro:

— Eu pedi a Deus que me levasse para estar com Ele enquanto você estivesse aqui comigo esta semana. Quando

QUANDO SEUS PROTETORES FALHARAM

Ele não o fez, sabia que era porque Ele desejava que eu dissesse algo a você antes da minha partida.

Ergui meus olhos para o meu marido, que permanecia de pé ao meu lado, e então novamente para o meu pai. Meu mundo pairava, imóvel. Um silêncio preencheu o quarto, do tipo que eu nunca senti – nem antes, nem depois. Em meio a este estado aguçado de consciência, notava tudo ao meu redor: as barras de suporte da cama hospitalar, o fluido intravenoso que levava medicamento para a dor tão necessário, o zunir leve da máquina de medir pressão, e seus olhos, de um azul penetrante. Ele se mexeu em sua cama, buscando força.

— Perdoe-me por ter te abusado.

Tum. Meu coração disparava em meu peito como o disparo de um canhão. Mas ele ainda não tinha terminado.

— A minha mãe, sua avó, me batia com frequência, e foi por isso que eu usei o cinto para te bater. – Ele ficou cabisbaixo por um momento antes de prosseguir: — Acho que o ditado é verdadeiro: "Pessoas abusadas, abusam das outras."

Anos, literalmente anos de terapia, não haviam me preparado para este momento. Onde estavam minhas palavras – todas as coisas que eu almejava dizer para ele?

Como a sua devoção pela igreja, mas a negligência para com a sua família, deixaram-me desprotegida dos abusos de Mamãe e de outros que me feriram.

Como sua ira tornou-se algo natural para mim, um barômetro quebrado que me levou a escolher um relacionamento abusivo após o outro.

Como eu transferi minha inabilidade de agradá-lo para Deus, gastando anos tentando conquistar Seu amor.

Todas aquelas palavras falharam.

Ao invés disso, descobri algo incrível. Quando o pedido de perdão que eu almejava receber veio, eu não o desejava mais. Eu havia retomado minha própria história anos antes, reescrito meu roteiro, escolhido o perdão ao invés da amargura, e descoberto o caminho de volta para um Deus de amor. Seu pedido de perdão nunca poderia desfazer os terríveis erros cometidos contra mim durante minha infância, restaurando tudo o que havia sido roubado de mim. Somente Deus poderia restaurar-me, e Ele já havia feito isso. Pedaço por pedaço.

Apesar de bem-intencionado, eu percebi que este momento servia mais para o Papai do que para mim. Era como se tivesse me sido ofertado um punhado de carvão enquanto eu estava sentada sobre um grande montante de diamantes conquistados a base de muito suor e que eu havia cavado dos destroços do meu passado.

Eu não precisava do carvão.

Ao mesmo tempo que o passado de meu pai possa ter ditado suas ações, o ciclo geracional de abuso havia sido quebrado comigo. Aprendi que ele estava errado – muito errado. Pessoas que foram abusadas não precisam necessariamente abusar das outras pessoas. E foi aí que as palavras começaram a fluir.

— Papai, você não precisa de perdão. Eu te perdoei há muito tempo. Você vai para junto de Jesus, e vamos todos colocar uma vírgula nesse assunto.

— Posso te abraçar? – indagou meu pai.

Inclinei-me sobre sua cama, ele se apegou a mim. Era o abraço pelo qual eu ansiava quando era criança. O tipo de abraço que faz toda a tensão ser liberada, te permite respirar, sabendo que alguém maior do que você está ali para te proteger. Um lugar onde você sente como se eles tivessem todo o tempo do mundo para você, sem nenhum culto na igreja para liderar, nenhuma pessoa em crise ligando para nos interromper, e nenhuma situação que valha o preço de substituir sua importância.

A tristeza me dominava por nossa causa, pelos pedidos de perdão que vieram tarde demais na vida, e pelo relacionamento que poderíamos ter tido, mas nunca tivemos. Nós dois havíamos sido roubados, mas eu acredito que ele foi o mais roubado de todos. Teria o resto da minha vida para celebrar minha cura; ele teve somente um breve momento.

Não sei ao certo a sua história pessoal, mas fico imaginando se talvez sua jornada tenha sido tão dolorida quanto a minha foi. Quem dera pudéssemos sentar-nos juntos e conversar sobre tudo isso com uma xícara de café reconfortante, ao menos para te oferecer um lugar seguro onde possa compartilhar e para afirmar que você não é a raiz do problema. Assim como muitos outros sobreviventes podem atestar, frequentemente nos sentimos culpados devido ao trauma gerado na infância, com uma falsa crença de que se ao menos não tivéssemos sido pessoas tão "difíceis de serem amadas", as coisas teriam sido diferentes.

Num mundo ideal, os pais provêm amor e proteção incondicionais. Eles estão disponíveis a partir do momento que seus filhos chegam em casa da escola e lançam-se em seus braços depois de um dia duro, para terem suas lágrimas enxugadas, receberem curativos sobre seus joelhos esfolados, e o lanchinho da tarde favorito.

Os pais curam os corações.

Mesmo quando cometem erros, esses pais exemplificam a graça e a arte de um pedido de perdão sincero. A disciplina é vista como uma forma de nutrir o elo, capacitando seus filhos a crescerem e tornarem-se adultos prósperos, preparados para lidar com qualquer situação que o mundo lhes ofereça. Quando o tempo chega para esses filhos aprenderem sobre um Pai celestial bondoso, o passo nessa lógica é simples. Eles acreditam que se a Mamãe e o Papai são amáveis, Deus também deve ser. Com este entendimento, eles se sentem invencíveis.

Quando os pais abusam de seus filhos, punindo-os com o silêncio, e falham em protegê-los, os filhos concluem que Deus deve ser assim também. Talvez eles resolvam afastar-se de Deus temerosamente, ou levem anos tentando conquistar Seu amor. Ao invés de se sentirem invencíveis, eles desejariam ser invisíveis.

Infelizmente, eu não percebi — assim como muitos de nós — que havia projetado as falhas dos meus pais sobre Deus. Como resultado disso, eu temia aproximar-me d'Ele.

Recentemente, nossa família adotou um filhotinho de cachorro. A Koa, tão meiga, chegou em nossa casa depois de enfrentar uma situação difícil e por isso ela levou algum tempo para se sentir segura conosco, o que é de se entender. Contudo, conforme passou o tempo, através do nosso amor, paciência e guloseimas, ela perdeu todo seu medo. Agora, ela pula em nossos colos assim que chamamos seu nome. Diversas vezes ao dia, nossa família diz:

— Quem é nossa cachorrinha boazinha? É a Koa? Sim, é ela mesma. Será que a Koa quer uma guloseima? Será que ela quer um carinho? – Somos todos recompensados pela sua caldinha abanando, cheia de empolgação.

Assim como meu doce animalzinho de estimação, quando as pessoas são abusadas, elas levam tempo para construir confiança. Aprender que Deus não é igual a essas pessoas que lhe feriram, leva tempo. Mas Deus é paciente e bondoso. Ele levará o tempo que for necessário para restaurar Sua imagem de amor para você e curar seu coração partido.

———————

Quando minha irmã e eu éramos pequenas, amávamos a casa dos espelhos nos parquinhos de diversão. Corríamos de um lado para o outro, empurrando uma à outra divertidamente para que pudéssemos ver nossas cabeças diminuírem de tamanho ao ponto de ficarem do tamanho de ervilhas, ao passo que os nossos corpos cresciam até ficarem do tamanho de filhotinhos de elefantes. As imagens distorcidas são muito engraçadas para quem ainda é jovem, mas elas podem ser mortais para os que já são mais velhos. Alguns exemplos a serem citados são:

Se os seus pais te desaprovavam, você pode se tornar uma pessoa preocupada em sempre agradar os outros.

Se sua confiança foi repetidamente violada, você pode vir a temer a intimidade.

Se você enfrentou experiências abusivas, você pode vir a escolher parceiros abusivos.

Se você enfrentou manipulação psicológica, você pode vir a temer a insanidade.

Estes são apenas alguns resultados de um passado em destroços; a cura de todas essas coisas requer tempo e esforço. Precisamos nos acolher carinhosamente conforme identificamos e desembaraçamos as mentiras que um dia acreditamos, acerca de nós mesmos, e acerca de Deus.

———————

Quando ainda era bem jovem, eu li um livro escrito pelo autor Dr. James Dobson, acerca das experiências difíceis que enfrentamos durante a adolescência. Até aquele momento, eu não havia percebido que outros adolescentes lutavam com os mesmos problemas que eu lutava, e me senti reconfortada em saber que eu não estava sozinha.

Da mesma forma, espero que minha história sirva de

auxílio para você. Enfrentar traumas é difícil o suficiente, com todos os efeitos temíveis que acarretam, tais como a ansiedade, o medo, a inferioridade, postura defensiva, tristeza e ira. Ninguém merece caminhar sozinho.

Felizmente, muitas pessoas caminharam ao meu lado durante o meu processo de cura, algumas delas como conselheiros profissionais licenciados, e outras através de mentorias. As mais próximas de mim também se beneficiaram do meu uso de medicação e outros recursos que estavam disponíveis dentro da comunidade médica.

Minha maior ajuda, contudo, veio através da minha reconexão espiritual com Deus, e isso é o que eu ofereço através deste livro. Conforme eu destrinchava meu passado e lia a Bíblia através da perspectiva de uma sobrevivente, Deus me curava. Reconhecia-me nas pessoas que Jesus tocava, como aquele homem que enfrentou o inferno na Terra, descrito em Lucas 9. Quando Jesus libertou aquele homem, também restaurou a mente dele, dando-lhe uma mente saudável.

Ele fez o mesmo por mim.

Jesus disse ao homem para compartilhar com todos o que Deus havia feito por ele, e isso é tudo o que eu espero alcançar também. Todas as lições que eu aprendi estão detalhadas nestas páginas. Nenhuma delas foi escrita tentando te consertar. Elas servem somente para caminhar contigo na sua trajetória.

O que eu não incluo são os detalhes do abuso físico que eu sofri pelas mãos dos meus pais, ou quando eles, tão distraídos com suas próprias vidas, falharam em me proteger daqueles que me violaram sexualmente.

Meu desejo é que você encontre um lugar seguro nestas páginas. Você terá conhecimento somente do meu processo de restauração.

O que eu mais espero acima de tudo é que, ao terminar

a leitura desta obra, você passe a acreditar na verdade acerca de si mesmo, possivelmente pela primeira vez.

Você foi criado por Deus para ser amado.

Durante a escola primária, nossa professora nos ensinou a tricotar; nós precisávamos fornecer os materiais. Todas as meninas traziam lã rosa-bebê e marrom para fazerem seus ursinhos. Imagino que em nossa casa a lã "de cor bonita" estava em falta, pois eu apareci com um novelo de lã laranja florescente, vermelha e verde. Enquanto as outras crianças faziam pacientemente suas pequenas criaturas com seus pontos de tricô pequenos e apertados e pregavam os olhos de botão vibrantes, eu produzia um desastre incomparável.

Devido a escassez de enchimento em casa, eu usei minha calça de pijama azul como enchimento. De qualquer forma, quando eu terminei meu ursinho de pelúcia, segurei-o toda contente para uma foto. Entre mim, meus dentões da frente e o meu ursinho, com o enchimento escapando pelo seu corpo disforme, não sei quem parecia pior.

Mas, caramba, eu me orgulhava tanto daquele urso.

Salmo 139:13, na versão NVI-PT declara acerca de Deus, "Tu criaste o íntimo do meu ser e me teceste no ventre de minha mãe." Minha oração é para que seus pais tenham cuidado de você, orgulhem-se de você, e o tenham desejado. Mas caso eles não o tenham desejado, saiba disto: seus pais não te teceram; Deus o fez. E isso significa que você foi ideia d'Ele.

Posso afirmar de fato que Deus também sabia o que você teria que enfrentar quando veio ao mundo. Certamente isso Lhe partiu o coração, mas Ele seguiu tricotando. Ele sabia que mesmo se você concluísse sua infância cheio de sobras que foram depositadas dentro de você e com alguns pontos faltando, você seria d'Ele para que Ele pudesse então te receber em Seus braços por toda a eternidade.

Anteriormente, desejei que pudéssemos nos sentar juntos para uma conversa. A verdade é que já me sentei com muitas pessoas com as quais compartilhei inúmeras xícaras de café. Vi suas lágrimas descerem e ouvi suas histórias dolorosas acerca de seus pais, mães, tias, tios, esposos, esposas e amigos, que as feriram ou falharam em protegê-las, trazendo sérias consequências. Por sua vez, compartilhei o que Deus me mostrou acerca de Si mesmo e as lições que Ele usou para me restaurar. Como companheiros de jornada, encontramos a cura juntos.

Portanto, prepare para si uma xícara de café, aconchegue--se sobre sua poltrona favorita, e vamos nos conhecer melhor porque, assim como aquelas pessoas importavam para mim, você também importa. Melhor ainda? Você importa para Deus. E, caramba, não é que Ele se orgulha muito de você!

PARTE UM

VALORIZANDO SUA HISTÓRIA

CAPÍTULO 1

PERMISSÃO PARA CONTAR SUA HISTÓRIA

O início da cura

Acordei atrasada naquela primeira manhã na casa da minha colega de universidade, em Galveston Island, Texas. Estávamos ali comemorando o feriado de Ação de Graças, e como eu vivia longe demais para retornar para minha casa durante as férias de final de ano, ela me convidou, assim como a algumas outras colegas, para nos hospedarmos na casa de seus pais.

"Mama", como a família a chamava carinhosamente, aguardava a nossa chegada na calçada à frente da garagem, praticamente saltitando de um pé para o outro. No exato momento em que as portas do carro se abriram, ela apressou-se para nos receber de braços abertos. Pela forma que ela nos cumprimentou, era como se eu fosse sua filha, apesar de essa ser a primeira vez que nos conhecíamos.

A casa deles era charmosa, porém pequena, portanto, dormi no sofá da sala de estar. Cada pedacinho da casa era multiuso; e este ambiente não era exceção. Também servia como lavanderia, encaixada discretamente atrás de duas portas feitas de ripas de madeira. Antes de ir para a cama, eu colocava uma quantia de roupas para lavar na máquina de lavar roupas e acordava com a Mama de pé ao meu lado, tentando trabalhar silenciosamente, com uma cesta equilibrada em seu quadril e cheia de roupas dobradas de forma bem ordenada.

— Oi – eu disse, bocejando. — Espera aí, você lavou toda minha roupa?

— Filha, – ela replicou em seu sotaque sulista – o que você está fazendo com seus sutiãs? – Não pude conter-me e comecei a rir. O item ofensivo em questão pendia de um de seus dedos; suas alças, esgarçadas como se fossem tiras de elástico. Não podia negar a verdade. Eu praticamente os havia assassinado.

— Ninguém nunca te ensinou que esses você lava à mão?

Não, ninguém nunca me ensinou isso. A verdade é que eu não falava sobre coisas particulares como sutiãs em casa, e até o presente momento, nunca tinha parado para pensar no porquê. Deixei para lá esse assunto em minha mente – *Depois, pense sobre isso depois.*

Durante toda aquela semana, rimos muito, comemos, conversamos até bem depois da meia-noite. Parecia que todas as crianças daquela vizinhança se reuniam nesta casa em um momento ou outro, e sempre havia espaço para mais um. A família passava horas na cozinha, e não havia história que fosse além dos limites. Quando minha amiga expôs algumas das nossas peripécias, como uma vez em que invadimos um estádio de futebol americano numa disputa entre os dormitórios universitários, fiquei aguardando os olhares de desaprovação, mas não houve nenhum. Seus pais davam risadas das nossas histórias, corrigiam-nos carinhosamente e, às vezes, faziam as duas coisas simultaneamente.

Uma garrafa de vinho antiga coberta de cera derretida ficava sobre a mesa onde estávamos assentados, conversando e jogando Anagrama. Se alguém tentasse arrancar um pedacinho de cera, era repreendido carinhosamente: "Não se atreva a arrancar um pedaço da cera!" Quando a vela terminava de queimar, Mama substituía aquela vela por outra. Parecia algo sem importância para se notar, mas me impactou, pois algo assim em minha casa teria sido atirado ao lixo ao invés de ser usado como um objeto decorativo no centro da mesa, visto que vim de um lar tão preocupado com aparências.

Na casa da Mama, tudo era muito aconchegante e convidativo. Ali, eu me sentia segura e amada o suficiente para falar sobre qualquer coisa, até as coisas mais íntimas.

Quando a hora de partir chegou, a sobra do jantar foi embalada em pacotes para a viagem e a Mama com os olhos marejados acenou adeus para nós. Enquanto todas as meninas adormeceram eu recostei minha cabeça contra a janela, observando a chuva escorrer pelo vidro.

— Tudo bem? – Minha colega indagou, navegando pela estrada tempestuosa.

—Tudo - respondi. — Mas eu posso te perguntar uma coisa?

— Sim.

— Na sua casa é sempre assim, ou aquilo tudo foi uma encenação?

— Não. Não foi uma encenação. Quer dizer, somos bem

barulhentos quando nos reunimos – ela riu –, mas esse é o nosso jeito. Por que você está perguntando isso?

Parecia desleal da minha parte, compartilhar com a minha colega sobre a minha criação – afinal, eu havia crescido debaixo do mantra "segredo é segredo" – mas poder ver sua vida familiar revelou o quão diferente a minha havia sido. Criei coragem e contei para ela acerca de todas as vezes que eu fui "disciplinada", a forma como as surras de cinta era chamada. Compartilhei acerca das coisas terríveis que aconteceram comigo quando meus pais me deixaram desprotegida, e eu fui passada de um abusador para o outro. Contei sobre o medo que vivenciei morando num lar tão instável. Quando eu terminei, ela respondeu de forma muito terna.

— Andi, você foi abusada.

— O quê? – reagi, chocada. — Eu pensava que era assim que as pessoas viviam.

— Não – respondeu-me firmemente. — Certamente elas não vivem assim.

Eu moro num lindo vale, na região rural da Califórnia, cercada pelas montanhas. O único ponto negativo é que lidamos com a má qualidade do ar que bloqueia a vista das montanhas. No inverno, as chuvas purificadoras chegam. Depois que elas param e o pólen e a fumaça se dissipam pelo vale, as montanhas deslumbrantes de Sierra Nevada se revelam. Nunca me esquecerei do momento em que eu, boquiaberta, vi pela primeira vez os seus picos cobertos de neve.

— Essas montanhas sempre estiveram lá? – Perguntei a uma amiga, que riu diante da minha surpresa.

Esse exemplo se assemelha demasiadamente com a sensação que tive quando enxerguei a verdade sobre a minha criação pela primeira vez. Fiquei tão chocada ao descobrir que estivera cercada por comportamentos disfuncionais por toda a minha vida, tanto quanto me choquei ao ver repentinamente aquela cordilheira que me cercava fazia oito meses, a qual eu nunca havia notado.

Graças a Deus, fui validada pela minha amável amiga logo na primeira vez em que compartilhei minha história. Devido ao suporte que recebi dela, minha jornada de cura deu início. Foi um dia chuvoso no Texas que fez com que toda a ilusão com a qual eu cresci se dissipasse. Uma vez que meus olhos se abriram, não podia mais voltar atrás.

Não é fácil quando os nossos olhos se abrem. Possivelmente, nós nos sentiremos traídos, tristes, feridos, irados ou ansiosos. Pessoalmente, como alguém que só fala a verdade, senti-me enganada. Não podia acreditar que eu havia sofrido tudo o que sofri debaixo da máscara da disciplina.

Nos anos setenta, poucas pessoas falavam abertamente sobre abuso, e menos ainda sobre as doenças mentais que frequentemente desencadeavam o abuso. Assuntos como a depressão, doença de personalidade *borderline*, tendências suicidas, ansiedade, narcisismo e comportamentos passivo-agressivos (para citar alguns) eram largamente desconhecidos no meu tempo, e menos ainda compreendidos. Não tínhamos os computadores ou a internet, e não fazia ideia de como lidar com minha recente descoberta e a tristeza que veio logo a seguir. Tudo o que eu sabia era que eu havia enfrentado muita dor desnecessária em meu lar, um lugar onde eu devia ter sido protegida acima de tudo.

Você provavelmente já ouviu o ditado antes: "O lar é o lugar onde o coração está", mas eu gosto de afirmar: "O lar é o lugar onde o coração é formado". Isso porque, quando atingimos a fase adulta, já fomos anteriormente moldados pelas experiências vividas dentro das quatro paredes de nossa casa, quer gostemos ou não.

Talvez você se sinta confuso pela forma como foi criado, porque você vivenciou tempos bons e tempos ruins. No nosso caso, Papai trabalhou duro e permaneceu fiel para com a igreja e a minha mãe. Mamãe sempre servia as refeições à mesa e, devido ao fato de sermos pobres, ela costurava nossas roupas. Vivenciamos uma variedade comum de emoções e atividades: jantares em família, filmes e viagens de férias em família. Aqueles momentos me moldaram. Os momentos que eu vivenciei de disfunção e negligência severos, moldaram--me também. Tornei-me uma pessoa desequilibrada.

Minha amiga e eu fizemos uma viagem de carro do Texas até a Luisiana e passamos a noite numa casa bem velha e sinistra.

Um longo lance de escadas logo ao lado do nosso sofá--cama levava até uma porta trancada, que era do tamanho de um *hobbit*. À meia-noite, havíamos nos convencido de que um intruso aguardava imóvel, por detrás dos painéis decorativos. Mal conseguimos dormir, principalmente porque um relógio de pêndulo muito antigo emitia um barulho de tique--taque na parede, conforme ele balançava de um lado para o outro. Frustrada, minha amiga arrancou o relógio da parede para que pudéssemos dormir. O pêndulo balançou desenfreadamente fora de sincronia e parou de trabalhar. Não sabíamos se devíamos rir ou chorar.

Pela manhã, chegamos à conclusão que era hora de arrumar o relógio antes de sair daquele lugar sombrio. Penduramos o relógio de volta com muito mais cuidado do que quando o removemos, mas não deu certo.

— Acho que precisamos sincronizar o relógio, eu sugeri.

Centralizei novamente o pêndulo de cobre e então dei um leve empurrão nele, para que o movimento de balanço desse início. Num alívio, percebemos que o pêndulo ainda funcionava e, logo após, saímos vagarosamente da garagem e dirigimos pela estrada de pedra, arremessando pedregulhos pelo ar.

Voltar a ser uma pessoa centrada depois de um evento traumatizante na infância se assemelha muito com o que eu fiz naquele relógio de pêndulo. Quando somos abusados ainda crianças, eventos caóticos nos empurram de forma desordenada e perdemos o ritmo suave da vida. Alguns dias, nós nos sentimos aliviados por termos conseguido passar pela vida com o mínimo de danos possível. No dia seguinte, porém, sentimos como se alguém nos tivesse arrancado da parede e nos deixado desenfreadamente fora de sincronia. Quando Mamãe e Papai se frustravam, eu disparava correndo para o meu esconderijo no sótão; quando eles estavam felizes, eu ficava por perto.

Como um relógio, eu precisava ser colocada em sincronia novamente e encontrar assim o meu equilíbrio. Naquela época, não tinha ideia de como fazê-lo.

Depois de graduar-me na universidade, escolhi confrontar meus pais. Não imaginava que este *não* seria um bom ponto de início. Eles ficaram revoltados. Os dois se levantaram, numa frente unida contra mim, apontando para mim como se eu fosse a culpada:

Você foi uma criança difícil; nós estávamos no nosso limite com você.

Você destruirá o ministério de Papai, se sair falando sobre o ocorrido.

Foi apenas uma surra.

Como pode nos trair dessa forma?

Eles minimizaram e justificaram tudo. A reação deles foi tão severa que eu não consegui reunir a coragem de falar com um terapeuta até completar 30 anos. Não queria alienar ou envergonhar minha família. Só queria poder conversar sobre o que tinha acontecido e a razão daquilo tudo. Tivemos tempos bons e tempos ruins, mas havia duas verdades de fato: eu amava meus pais; eu fui ferida por eles.

Mesmo podendo escrever sobre isso agora sem ressentimento, *ainda assim*, é difícil.

Defender minha opinião.

Alinhar-me numa posição poderosa de perdão.

Ignorar as vozes na minha cabeça que tentam minimizar o trauma.

———————

Recentemente, a notícia devastadora do fracasso moral de um pastor bem conhecido veio à tona. Acontece que ele encobriu o fato que ele havia abusado de uma menina menor de idade. Ele a controlava através de medo e manipulação. A vítima tentou advogar por si mesma, mas não obteve nenhum apoio. Pior ainda, as pessoas temiam confrontar esse pastor influente e se negavam a ajudá-la. Anos depois, a verdade finalmente veio à tona. Quando ela compartilhou acerca de sua dor publicamente, ela comentou ter sido culpada pelo abuso que sofreu. Por mais absurdo que isso possa soar, é mais comum do que se imagina.

Como se a angústia mental e física que essas vítimas enfrentam não fosse o suficiente, até que as autoridades acreditem em sua história talvez seja tarde demais para tomar alguma atitude. Sem apoio, as vítimas não conseguem botar um fim a isso tudo. Os comentários são que eles estão inventando tudo aquilo, o que acontece com mais frequência do que gostaríamos de acreditar. Isso se chama *gaslighting*, ou seja, abuso psicológico.[1]

———————

1   Nota da tradução: *Gaslighting é um termo em inglês que descreve uma forma de manipulação psicológica em que a vítima é levada a duvidar da própria sanidade. A expressão vem do filme Gaslight (1944), em que o marido manipula a luz a gás da casa para fazer a esposa pensar que está enlouquecendo.*

Quando só se recebe justificativas, recusas e recriminações, um preço muito alto é cobrado de sua mente e corpo. Mas só porque alguém diz que algo não aconteceu, não significa que ele ou ela estejam certos. Quer pessoas maldosas saiam impunes de suas ações insidiosas nesta vida ou não, de uma coisa eu tenho certeza: Um dia, suas ações serão conhecidas, a justiça de Deus virá sobre elas.

Por enquanto, saiba que quando você compartilha coisas íntimas, você está compartilhando coisas preciosas. Você merece ser escutado. Este é o seu primeiro passo em direção à cura.

———————

A minha mãe e eu temos um desfecho diferente desta história comparado ao Papai. Isso está detalhado no capítulo acerca do perdão, mas nossa jornada rumo a um final feliz levou um certo tempo.

O meio do caminho tão conturbado foi extremamente difícil.

Num dia terrível, estava sozinha, tremendo, parada na minha garagem. Havia acabado de ter uma conversa difícil com a Mamãe antes dela dirigir para sua casa. Ela me contou que um dos limites que eu havia imposto fazia com que *ela* se sentisse mal, e me pressionava sobre a razão pela qual eu insistia em mantê-lo. Após tentar explicar-lhe o meu raciocínio acerca daquela decisão, usando experiências da minha infância como evidência, recebi todas as justificativas de sempre. Meu desejo era pôr um fim naquela história, e mesmo assim, uma vez mais, via a possibilidade esvair-se.

Foi quando eu senti Jesus ao meu lado e ouvi Sua voz falar ao meu coração.

Com frequência, eu sinto a voz pacífica de Jesus através de versos bíblicos, letras de músicas, ou através da beleza da natureza. Suas palavras permeiam meu coração como um pensamento terno que se assemelha à minha voz, mas carrega em si um tipo de sabedoria que não poderia ter brotado de mim naturalmente.

Desta vez, Sua voz parecia ser amável e ao mesmo tempo firme. *Você nunca mais passará por isso novamente.* Conforme eu refletia sobre essas palavras, sentia Jesus explicar para mim: *Sempre que você reconta a história, você precisa vivenciar o abuso novamente.*

Ele estava certo. O tremor que o meu corpo sentia era a exata sensação que eu tinha quando criança. Eu estava, verdadeiramente, vivenciando o abuso novamente.

Bem ali, enterrei qualquer esperança de receber validação de minha mãe. Se eu continuasse a pressioná-la para reconhecer o que ela havia feito, sua frustação aumentaria, para o meu detrimento. Os limites que impus me protegiam e não podiam ser removidos.

Ao invés disso, encontrei uma comunidade segura para a qual levei minha dor, um lugar onde eles acreditaram em mim, onde fui ouvida e restaurada. Fiz terapia.

Meu relógio voltou a funcionar.

A restauração pode ser complexa e longa. A minha levou oito anos de aconselhamento misturado com o direcionamento de um casal muito amável que se tornou como um pai e uma mãe para mim. Nessa mesma época, eu cortei todos os laços com a minha família por dois anos. Eu precisava desse tempo, não só para me recuperar do abuso físico e verbal, mas também precisava ser curada do abuso sexual que enfrentei vindo de outros, nas vezes que Mamãe e Papai me deixaram desprotegida.

Mesmo sendo difícil, nunca me arrependi de ter priorizado o meu bem-estar mental e emocional.

Em Mateus 7:6, Jesus disse, "Não deem o que é sagrado aos cães, nem atirem suas pérolas aos porcos; caso contrário, estes as pisarão e, aqueles, voltando-se contra vocês, os despedaçarão".

Deus quer que honremos nosso processo de cura como se fosse algo santo. A palavra santo significa sagrado e separado. Não ofertamos coisas santas aos cachorros. Se nossas palavras não são ouvidas, devemos buscar ajuda numa comunidade diferente que nos dará ouvidos. Existem muitos grupos de apoio, terapeutas e psicólogos que poderão auxiliá-lo e, caso necessário, acompanhá-lo até as autoridades.

Da mesma forma, não lançamos pérolas às pessoas que irão pisoteá-las.

Na minha forma de pensar, as pérolas representam algo belo gerado através do desconforto. Pense na forma em que elas crescem. Quando um grão de areia entra numa ostra, ela cria uma camada protetora proveniente de seu centro furta-cor, sobre o grão de areia que está causando a irritação. De forma marcante, este processo produz algo de valor, através do sofrimento. É desta forma que eu os honro. Assim como uma pérola leva tempo para se desenvolver, curando-se da dor que a produziu, isso também demanda tempo. É de suma importância depositar sua história nas mãos daqueles que irão apreciá-la.

Minha família e eu amamos o oceano. Em uma de nossas aventuras pela praia, encontramos uma caverna isolada. Portando *snorkels* e nadadeiras, saltamos dentro da água, escutando os gritos abafados uns dos outros sempre que descobríamos algo fabuloso.

Conforme deixei a corrente me levar, vi algo brilhando no solo do oceano e mergulhei para encontrar a concha mais incrível, com suas duas metades ainda conectadas. Ela não era tão impactante de se ver do lado externo, mas o lado interno por sua vez, possuía um centro furta-cor. Logo ali, os raios de luz penetravam na água, revelando tons luminosos de *pink* e dourado dentro da concha. Era de se perder o fôlego.

Apesar de não parecer neste momento, existe um tesouro tão inestimável quanto este dentro de você. Minha oração é que a luz do céu penetre o seu coração hoje, revelando a verdade.

Sua história moldou e produziu algo de valor infinito – o relato de quem você é.

Minha oração é que, ao se permitir expor a sua dor, seu processo de cura dê início.

CAPÍTULO 2

QUÃO AMÁVEL ELA É

Curando o seu valor

Estávamos na pista de pouso havia uma hora. Passageiros irados olhavam para seus relógios e viravam seus pescoços em direção ao corredor para notar se havia algum movimento dos comissários de bordo, mas sem sucesso. Eles permaneciam sentados, seus cintos firmemente afivelados. Do capitão também não veio nem uma palavra. Ninguém tinha alguma atualização acerca da nossa situação. Do outro lado da janela, a neve caia tão macia, e aos baldes. Mesmo sendo grata pela neve poucas horas antes, enquanto eu esquiava pela última vez as montanhas de Utah? Agora... nem tanto.

Finalmente, o capitão falou de forma direta, e um tanto seca, como um pai que vinha com más notícias para o seu filho sem esperar que ele tivesse uma reação negativa.

— Eles estão a caminho de descongelar o avião. Agradecemos sua paciência.

Meia hora depois, o prometido caminhão chegou e lançou um spray no avião, como um lava-rápidos gigantesco. A esperança voltou a brilhar novamente conforme o caminhão se retirava, mas logo se transformou em frustração renovada quando ficamos sabendo que seu fluido havia se esgotado e retornaria "em instantes". Enquanto isso, respirei profundamente para lutar contra a dor crescente no meu corpo devido a uma infecção que me obrigava a fazer muitas pausas para ir ao banheiro.

— Levante-se de uma vez e vá ao banheiro, meu esposo disse, como a pessoa assertiva que é.

— Eles nos instruíram a não nos movermos pela cabine, sussurrei de volta para ele, como uma pessoa que sempre teme se defender.

— Amorzinho, você precisa ir. Com isso, ele voltou a ver seu filme. Para ele, a situação estava resolvida. Eu não conseguiria argumentar. Realmente, eu precisava ir. Mas:

Eu não queria incomodar ninguém.
Eu não queria chamar a atenção para mim mesma.
Eu não queria me meter em apuros.

Consegue se identificar?

———————

Quando eu era jovem, um grupo de pessoas me feriu, e me perseguiu até provocar meu silêncio. Aprendi a não me pronunciar por medo de receber punição. Com frequência, desejei que eu pudesse ser invisível. Isso é uma barreira mental desafiadora de se romper, para dizer o mínimo.

Sentada no avião, considerei meu dilema. Sofrer ou buscar ajuda?

Respirei profundo e me ergui para apertar o botão de assistência. A comissária de bordo soltou seu cinto e – ela parecia estar com raiva? – avançou pelo corredor em direção ao meu assento. Me preparei para o pior.

— Você pressionou o botão? ela perguntou, erguendo sua sobrancelha.

— Apertei sim, será que eu posso sussurrar algo no seu ouvido?

— Sim, ela respondeu, encurvando-se. Prossegui para contar-lhe meu apuro. Não precisava ter me preocupado. Imediatamente, ela concentrou sua atenção em mim.

— Siga-me, disse a comissária de bordo, transformada em mamãe ursa. Ela percorreu o corredor de volta, rumo ao banheiro. O alívio tomou conta de mim uma vez que entrei ali. Quando saí, ela aguardava por mim com um copo de gelo, suco de *cranberry* e água, e me escoltou de volta ao meu assento. Senti-me como a rainha da Inglaterra. Ela ficou ao meu lado, advertindo-me para procurar ajuda assim que o avião pousasse.

Antes que eu percebesse, o clima todo dentro daquele avião ficou mais leve. Os passageiros que nos cercavam engajaram-se numa conversa com a atendente que por fim ficou bem falante. Ela pediu desculpa pela inconveniência e expressou frustração pela falta de comunicação por parte da cabine de comando. As pessoas começaram a conversar entre si, indagando de forma empática o que fazer acerca das conexões perdidas, e coisas desse tipo.

Em meio a mais uma situação inesperada, até onde eu podia entender, e sem permissão do piloto, ela se voltou para o microfone e anunciou que a equipe de bordo estaria providenciando bebidas enquanto aguardávamos. Houve um suspiro de alívio geral.

Logo após este incidente, começamos nosso trajeto. Eu me sentia melhor; as pessoas se sentiam melhores, e a atendente se sentia melhor. E tudo isso só porque eu apertei um botão para pedir ajuda delicadamente.

Quem precisa da sua voz? Acaso sua resposta foi: "outras

pessoas"? Depois de ler minha história sobre o avião, talvez esta seja sua conclusão, o que não está errado. Muitas pessoas realmente precisam de alguém que as defenda. Contudo, gostaria de sugerir uma resposta alternativa.

Você precisa de sua voz.

Se o ato de ser ouvida beneficia aos outros, isso é maravilhoso, mas o bem-estar das outras pessoas não é o seu foco enquanto você está no processo de cura. Você tem valor neste mundo, e tem permissão para apertar o botão da atendente em seu próprio benefício.

———————

Cantares de Salomão relata uma história sobre o amado e sua pomba.

O amado chama pela pomba para que venha com ele. Ele lhe diz que o longo inverno se acabou, a primavera chegou, e os pombos por toda a parte estão falando entre si. Mas não essa pombinha em questão. Ela silenciou sua voz e se escondeu.

O amado a instiga, "Minha pomba que está nas fendas da rocha, nos esconderijos, nas encostas dos montes, mostre-me seu rosto, deixe-me ouvir sua voz; pois a sua voz é suave e o seu rosto é lindo" (Cantares de Salomão 2:14 NVI-PT).

As pombas são criaturas hesitantes. Ao primeiro sinal de problema, elas saem voando em fuga. Uma mãe pomba criou um ninho numa planta do lado de fora da janela do meu quarto por semanas enquanto ela cuidava de sua ninhada. Caso abríssemos um vão na porta da varanda ao lado, por menor que fosse, isso era suficiente para assustá-la ao ponto de ela sair voando. Decidimos não usar a varanda.

Por outro lado, quando os pombos estão contentes, eles falam. E MUITO. O arrulhar deles quase nos enlouqueceu durante aquela primavera. À medida que os filhotinhos cresceram e voaram, abandonando seu ninho, já estávamos exaustos! Resolvemos sabiamente mudar a área de procriação deles para longe da nossa porta quando a época de acasalamento terminou.

"Vamos só colocar essa planta em um outro lugar", eu disse ao meu esposo enquanto ele se esforçava para me ajudar a arrastá-la para outra parte da casa.

Não sabemos o que havia afugentado a pomba nessa passagem das Escrituras, mas ela se parece terrivelmente com alguém que já enfrentou *bullies* no passado. Ela realmente se esforçou muito para desaparecer. O amado, contudo, sabe exatamente onde ela está....

Numa fenda.
Numa rocha.
Num esconderijo.
Na encosta de uma montanha.

Talvez ela fosse só mais uma pomba dentre tantas, mas ela era de grande importância para ele, ao ponto de ele saber precisamente a sua localização.

Eu sei que é difícil acreditar que você tem valor depois de uma vida inteira sendo negligenciado. Apesar de talvez você ter sentido que não era notado pelas pessoas que deveriam ter te protegido, posso assegurar, você merece ser vista e escutada. Deus sabe onde você está escondida, e sabe a causa disso. Ele entende que talvez você esteja se sentindo amedrontada para sair do esconderijo e encarar o passado. Você não é o primeiro dentre todos os filhos de Deus a sentir-se assim.

———————

Moisés fugiu do Egito depois que ele matou um egípcio por ter espancado um escravo hebreu. Ele se escondeu no Deserto Midianita, 1.126 quilômetros de distância do lugar onde sua vida havia começado, e ele permaneceu ali por quarenta anos.

Poderia se dizer que ele estava...

Numa fenda.
Numa rocha.
Num esconderijo.
Na encosta de uma montanha.

Até ali, Deus sabia onde encontrá-lo e como chamar sua atenção.

Como você pode imaginar, depois de quarenta anos no deserto, Moisés já tinha visto tudo o que havia para ser visto. Quando ele viu algo novo, ou seja, a sarça ardente que não se consumia, ele foi investigar.

Ao aproximar-se, Deus começou a falar através da sarça e disse a Moisés para retirar os calçados. Um lugar comum havia se tornado santo. Ele então entregou a Moisés uma missão muito maior do que ele poderia ter escolhido para si: resgatar Seu povo da servidão. Aparentemente, Moisés pensou que ele precisava informar a Deus que Ele havia escolhido a pessoa errada para realizar a tarefa.

— Quem sou eu? – Moisés perguntou.

Deus não respondeu definindo *quem Moisés era*.

Ele revelou a Moisés *quem Ele era*. "EU SOU QUEM EU SOU" (Êxodo 3:14).

O nome de Deus é positivo – Ele não disse: "Eu não sou". O nome d'Ele também está no tempo presente. Isso significa que apesar de Ele viver fora do tempo, Ele está conosco neste exato momento.

Moisés, muito provavelmente sentindo-se atordoado, continuou a olhar para si e começou a argumentar sobre sua falta de qualificações. Mas nos lugares onde Moisés viu defeitos, Deus viu qualidades que ele não podia ver por si mesmo. Tudo o que Moisés pensava que o desqualificava para a missão, na realidade o qualificava.

Moisés era humilde.

Ele preferia relacionar-se com os servos a relacionar-se com os príncipes.

Ele detestava a injustiça.

Ele conhecia os caminhos do Egito.

Ele conhecia o deserto como a palma de suas mãos – bem útil uma vez que ele teria que direcionar o povo por ali pelos próximos quarenta anos.

A verdade é que Moisés tinha que encarar seu passado. Contudo, dessa vez seria diferente. Enquanto no passado ele lutou suas batalhas sozinho, ele agora tinha alguém ao seu lado. Deus prometeu estar com ele e mostrar a Moisés coisas maravilhosas.

Nesta jornada de cura, você não está mais sozinho. Deus não somente irá lutar por você; Ele também irá lutar com você, enviando o Espírito Santo como o consolador. Ele guiara seus passos até os conselheiros, amigos, e uma comunidade de pessoas. Juntos, vocês descobrirão algo formidável – vale a pena lutar por você.

Quando definimos a nós mesmos a partir de nossa identidade, ao invés de quem nós não somos, isso nos dá coragem para encarar coisas difíceis, como o nosso passado e

41

um futuro incertos. Até João Batista descreveu a si mesmo usando a expressão "Eu sou". Ele disse, "Eu sou a voz que clama no deserto" (João:1:23). Aqui estão algumas das minhas afirmações.

Em Cristo:

Eu sou inabalável na presença das ondas de dúvida.
Eu sou frutífera.
Eu sou perdoada.
Eu sou d'Ele eternamente.
Eu sou digna de ser amada.

Capacitamos a nós mesmos e aos outros quando falamos de forma positiva. Anos atrás, lancei as palavras de crítica e de correção dentro do latão de lixo. Decidi ser amável e uma pessoa que encoraja as outras, deixando o resto nas mãos de Jesus. Por causa disso, hoje em dia eu tenho mais cafés agendados do que tenho espaço na minha agenda.

As pessoas são atraídas por mensagens positivas e amáveis. Eu não tive muitas pessoas que foram amáveis comigo durante a minha infância, mas me lembro de todas as pessoas que foram. Elas usaram a voz delas para me abençoar. Diga palavras abençoadoras sobre si mesmo diariamente e depois estenda as bênçãos para outros. Penso que o mundo tem negatividade o suficiente. Sejamos diferentes.

Amemos as pessoas ao ponto que elas vejam Jesus.

Uma vez que começamos a crer nas coisas boas sobre nós mesmos, podemos começar a acreditar que Deus tem um propósito para as nossas vidas. Assim, descobriremos nosso valor.

Papai e Mamãe tinham duas versões completamente diferentes sobre o relato do dia do meu nascimento. Mesmo com o nosso passado conturbado, Papai foi fantástico. Ele havia chegado ao hospital direto da igreja, então ele usava seu terno preto e o colarinho de reverendo – um pedaço de plástico branco encaixado no colarinho de sua camisa. Naquele tempo, todas as pessoas que frequentavam a igreja usavam a mesma coisa, mesmo que fosse um padre católico ou um ministro protestante.

Ele viu a enfermeira empurrando um bebê no bercinho a rodas, dirigindo-se ao berçário coletivo. Ele deduziu e perguntou: — Enfermeira, de quem é esse bebê?

— Deixe-me ver a etiqueta, Padre – ela disse, confundindo meu pai com um padre. Quando ela leu meu nome, Papai respondeu muito entusiasmado: — Ela é minha! A enfermeira apertou seus lábios em desaprovação, como se dissesse, "Seu velho padre safado".

Determinado, Papai continuou a me olhar fixamente. Naquele exato momento, abri meus olhos.

— Os olhos mais azuis que eu já vi – ele dizia. Era uma história boa – a melhor de todas. Eu pedia a ele que me contasse com frequência.

A versão de Mamãe, por outro lado, não era tão positiva. Daria para imaginar pelo seu relato que ela deu à luz algo que pertencia ao zoológico. Ainda que eu prefira muito mais a versão de Papai acerca do meu nascimento, qual das versões você acha que causou o maior impacto? Se sua resposta foi a de Mamãe, você acertou.

Por alguma razão, as coisas negativas que escutamos sobre nós mesmos podem obscurecer as positivas. Libertar-se dessa forma de pensar é difícil.

Faz-me lembrar do vídeo bem conhecido acerca da ovelha que caiu e ficou presa numa vala. Um jovem a resgata, puxando-a para fora da vala pela perna. Assim que a ovelha se ergue novamente e sai saltitante, ela salta novamente para a *mesma* vala, ficando presa uma vez mais. Recados antigos cheios de incredulidade funcionam assim. Podemos nos libertar de uma vala somente para ficarmos presos noutra.

A forma de lidar com isso é substituir os pensamentos negativos por pensamentos positivos. Hoje em dia, antes que um pensamento possa tomar lugar em minha mente, ele precisa primeiro responder duas perguntas:

Isso é amável?
Isso é verdadeiro?

Podemos não crer nas palavras amáveis que dizemos acerca de nós mesmos, mas um dia iremos, e este será um *grande* dia.

Às vezes, eu ainda tenho dias difíceis. Quando a dor do passado começa a bater como uma tempestade de chuva insistente, minha tendência é procurar abrigo entre as rochas, assim como a pomba que se escondeu.

Em um dia como esses, eu estava selecionando um moletom e um par de meias de dentro de algumas gavetas no meu *closet* enquanto me preparava para levar meus cachorros em uma caminhada. Senti aquela presença familiar de Jesus. Parei o que estava fazendo e fechei meus olhos. Um pensamento pairou sobre o meu coração.

Senti o Senhor dizendo, "Quero curar a versão da sua mãe acerca do seu nascimento". Ele conseguiu chamar minha atenção. Ergui minhas mãos na altura dos quadris, com as palmas voltadas para cima. "O que o Senhor deseja me dizer"? – perguntei.

Desejo compartilhar meus pensamentos sobre o dia do seu nascimento.

De repente, a melodia da música de Stevie Wonder, "Isn't She Lovely" (Quão amável ela é), preencheu minha mente. Procurei a música no meu aparelho celular e a ouvi com um interesse renovado.

Lágrimas escorriam pelo meu rosto enquanto ouvia um pai cantar uma canção de amor para sua filha recém-nascida, declarando que ela era linda, maravilhosa, amada. Caso você não saiba, devo citar que Stevie Wonder era cego desde o nascimento. E ainda assim – mesmo assim – ele enxergava melhor que a maioria das pessoas porque ele enxergava com os olhos do amor. Acaso você também não saiba: o título da música na capa do álbum não termina com um ponto de interrogação. Stevie Wonder não está perguntando se alguém acha sua filha linda; ele está afirmando que ela é.

Deus é o seu Pai, e Ele te ama profundamente. Ele não pode mentir, portanto quando Ele afirma que sua voz é doce, Ele realmente diz isso com sinceridade. Quando Ele te chama de linda e amável, não é uma indagação, mas sim a declaração de um fato. Não importa o que você já tenha escutado acerca de si mesmo, esta é uma história de nascimento incrível – a melhor. Eu oro para que Deus te diga isso com frequência.

PARTE DOIS

REDIMINDO SUA HISTÓRIA

CAPÍTULO 3

AMOR SEM LIMITE

Curando minha visão sobre Deus

Minha amiga Jennifer seguia seu filho de dezessete anos pelas ruas de uma cidade à beira mar muito degradada. Ele a identificou à uma certa distância e atravessou apressadamente os becos escuros.

David vivia a vida de um viciado. Ele havia se recuperado e tido recaídas depois da casa de recuperação e, finalmente, rendeu-se à vida nas ruas, mendigando por dinheiro para comprar drogas. Houve tempos mais esperançosos quando ele vinha até sua casa para se limpar, ficar sóbrio e ser alimentado. Porém, mais cedo ou mais tarde ele desaparecia, frequentemente durante semanas a fio. O desespero tomava conta dos corações dos seus pais. Quando amigos chamavam a Jennifer por telefone para contar que eles haviam identificado o David à distância, detalhando a região onde ele se encontrava, ela entrava no carro para trazê-lo de volta para casa. Nessa ocasião, ao invés de ir em direção a ela, ele fugiu disparado. A polícia lhe assegurou que eles haviam feito uma busca por ele, mas fora isso, não havia mais nada que qualquer pessoa pudesse fazer.

O tempo passou. Não importa quanto seus pais o buscavam, eles não conseguiam mais encontrá-lo. O tormento de não saber se acaso ele estaria vivo ou morto tomava conta de Jennifer. Ainda assim, ela permanecia firme, buscando e orando. Um dia, algo milagroso aconteceu. Seu telefone tocou e apareceu um número desconhecido. A voz disse: "Mamãe. Estou no calçadão. Quero ir para casa".

Quando ela o avistou, David estava imundo. Ele exalava a urina; suas roupas estavam encardidas, e seu cabelo, um emaranhado sobre sua face. Ele estava deitado sobre um banco e mal conseguia erguer sua cabeça. O mau cheiro, as vestimentas sujas de fezes, nada disso importava para Jennifer. Ela não hesitou por nem ao menos um momento. Ali estava seu filho querido, tido como morto, porém, vivo. Ela debruçou seus braços sobre ele, pressionando sua face na dele.

— Está tudo bem – ela sussurrou, acolhendo-o em seus braços.

— Agora eu vou cuidar de você.

———————

Pessoas que tiveram seus corações partidos frequentemente lutam para compreender este tipo de amor incondicional. A vergonha paralisante pode nos impulsionar a lugares sombrios, internamente ou até literalmente, onde agimos de formas que são contrárias à atitude de um filho amado. Já estive nesse lugar; eu sei. Resumindo, achamos que não valemos o esforço. Em algum lugar durante o caminho, a nossa visão sobre Deus se partiu, e com isso, nossa autoimagem. Muitos acham que precisam se "limpar" primeiro para então se aproximar de Deus.

A verdade é que, quando os pecadores encontravam Jesus, limpar-se era a última coisa que passava por suas mentes. As mesmas pessoas que se recusavam a ir para a sinagoga – a maioria das vezes, eles nem tinham permissão de entrar por aquelas portas – comeram com Ele e derramaram óleo precioso em Seus pés. Prostitutas, coletores de impostos, adúlteros e pessoas embriagadas vinham até Ele do jeito que elas estavam e O amavam. Elas estavam doentes pelo pecado; Ele era o médico. Simples assim. O que Jesus tinha que atraia os quebrantados e repelia os religiosos?

Creio que tem a ver com sua tremenda compaixão pela humanidade de cada um deles. Isolar os imundos havia piorado demais quando Ele chegou. Enquanto a lei exigia o cumprimento dos requerimentos de purificação, os partidos de governo dos judeus, os fariseus e saduceus, adicionavam suas próprias regras intermináveis. Jesus classificou essas tradições de jugo pesado. Ele estava irado que os sacerdotes que deveriam conectar as pessoas a Deus impossibilitavam que elas o alcançassem.

Jesus veio para representar novamente a Deus, por assim dizer, para um povo sofredor. Ele admoestou os religiosos que deturparam o coração misericordioso do Pai. Ele tocava os impuros, um ato sem precedentes, curando-os, restaurando sua dignidade, e reintegrando-os à comunidade.

Enquanto cursava o meu mestrado, aluguei um lindo bangalô nas colinas ao sul da Califórnia. No dia que meu inquilino assinou o contrato, estendi meu braço para um aperto de mão. Ele rapidamente deu vários passos para trás. Confusa, perguntei ao professor do meu Seminário sobre o encontro que tive, e ele explicou que de acordo com a religião do meu inquilino, ele cria que eu poderia deixá-lo impuro se ele me tocasse e calhasse de, naquele exato momento, eu estar menstruando.

Posso garantir, um de nós sentia-se impuro naquele dia, e não era o inquilino. Senti vergonha pelo olhar desmerecedor que ele me deu, por quase ter quebrado sua regra e eu nem sequer sabia que tal regra existia.

A vergonha também é um resultado paralisante de um sentimento de impureza, devido a situações que aconteceram conosco. Como resultado, podemos agir de forma vergonhosa, tentando normalizar a experiência. Isso cria um ciclo vicioso que só pode ser interrompido pela graça.

Antes de Jesus chegar, tanto os pecadores quanto os sacerdotes não entendiam o amor ardente de Deus por nós. Quando eles experimentaram o amor na pessoa de Jesus, isso revolucionou suas vidas de formas distintas. Os pecadores abandonaram seu estilo de vida e seguiram a Jesus, atraídos pelo Seu amor acolhedor como uma fogueira reconfortante numa noite congelante. Os líderes religiosos por sua vez, cheios de indignação, tramaram Sua morte.

De qualquer forma, Jesus persistiu. A imagem do Pai havia sido deturpada, e Ele veio para refleti-la corretamente. Ele compartilhou uma história com eles – uma história muito similar à de Jennifer – de um pai devotado. Ele pensou que essa história valia a pena ser compartilhada, também creio que seja.

Um pai muito rico tinha dois filhos. O mais novo pediu pela porção da herança que lhe cabia enquanto o pai ainda vivia. Ele não mais desejava manter um relacionamento com o pai; o filho desejava somente sua fortuna, e logo após ele rompeu seus laços com o pai.

O pai fez o que o filho pediu. Talvez você se questione por que o pai cedeu. Ele não sabia que o filho iria desperdiçar tudo? Provavelmente. Mas aqui encontramos a primeira qualidade acerca deste pai tão peculiar: ele se recusou a controlar seu filho. Ele honrou o poder de escolha de seu filho e permitiu que o filho tomasse suas próprias decisões, mesmo que fossem as piores possíveis. Ele sabia que o amor verdadeiro deve ser doado livremente e correspondido. Ele liberou seu filho.

O filho tomou aquela soma de dinheiro e a gastou num estilo de vida imprudente. Logo, a fome atingiu a nação e o filho perdido tornou-se um miserável. Dentro de um contexto que seria considerado uma abominação para o público judeu que escutava Jesus ensinar, aquele filho perdido só conseguiu encontrar trabalho entre os animais impuros, cuidando de porcos. De forma cruel, seu empregador negou-se a alimentá-lo, nem ao menos uma única vagem[1].

Um certo dia, ele caiu em si e decidiu dar um basta a essa situação. A fome que o fundo do poço gera, pode resultar nisso. Ele ponderou sobre a vida abundante que os servos de seu pai desfrutavam e decidiu engolir seu orgulho. Decidiu voltar para casa. Durante o caminho de volta, ele ensaiou o discurso que daria ao pai. "Não sou mais digno de ser chamado teu filho; trata-me como um dos teus empregados" (Lucas 15:19).

Não sou mais digno; perdi meu valor. Sou um imprestável.

Você alguma vez já se sentiu imprestável? Uma amiga cresceu em um lar abusivo, marcado por condições instáveis e exigências oscilantes. Ela caiu nas drogas e na bebida. No seu ponto mais baixo, ela clamou a Deus e sentiu seu perdão, mas ainda lutava para abraçar a paz que o Seu amor incondicional proporciona. Uma certa noite, ela teve um sonho. No sonho, ela morreu e foi para o céu, mas quando chegou lá se deu conta que era um chinelo. Ela finalmente havia conseguido, mas era um mero chinelo. Até hoje quando lembra-

---

1   Nota da tradução: *As "vagens" mencionadas aqui se referem às alfarrobas — frutos da alfarrobeira, uma árvore comum na região, cujas vagens eram usadas para alimentar porcos.*

mos, damos muitas risadas. Ocasionalmente, até brinco com ela, chamando-a de Chinelinho.

De qualquer forma, o sonho revelou uma crença fundamental que ela possuía: talvez eu vá para o céu eventualmente, mas estarei no nível mais baixo. Como o filho, ela pensava que só agradaria a Deus como uma serva, com suas necessidades mais básicas supridas, porém não mais seria estimada como uma filha.

Eu tenho muitos amigos que temem não serem bons o suficiente para serem aceitos. Eles se dirigem ao altar todo domingo para serem salvos mais uma vez, por garantia. Eles não entendem que nosso valor inestimável *nunca* mudará. Como é que eu sei disso? Porque Deus nos considerou dignos, mesmo enquanto ainda estávamos cobertos da imundícia do mundo. Ele nos amou quando ainda éramos pecadores.

Ao narrar os pensamentos do filho naquela história, Jesus revelou um engano muito comum presente na humanidade: O amor de Deus é condicional. Cremos que quando inevitavelmente falharmos, precisaremos nos esforçar para estarmos debaixo de Sua graça novamente. Se você cresceu com um pai ou uma mãe que te amava condicionalmente, é muito fácil cair nessa armadilha. Você acredita que a aceitação é baseada em *performance*. Mas não é.

O jovem nessa parábola tinha um entendimento limitado de um amor sem limites. Dá para imaginar sua longa jornada de volta para casa? Eu consigo imaginá-lo vestido de seu manto imundo, parando ocasionalmente para tomar folego, mãos sobre seus joelhos, lábios sedentos, praticando seu discurso.

Receba-me como um servo. Por favor. Não preciso mais ser seu filho.

Mas uma vez filho, sempre filho. E o pai aguardou. Só a Bíblia faz justiça à história: "Estando ele ainda longe, seu pai o viu e, cheio de compaixão, correu, lançou-se lhe ao pescoço e o beijou" (Lucas 15:20).

O tempo e a cultura nos impedem de entender plenamente o impacto das palavras de Jesus sobre seu público judeu. Primeiramente, homens do Oriente Médio não corriam, pois fazê-lo poria em risco a exposição vergonhosa de suas roupas íntimas. Segundo, seu filho estava coberto do mal cheiro e das fezes de porco, um animal impuro. A expectativa teria sido que o pai zombasse dele, se distanciasse dele e, no mínimo, obrigasse o filho a se limpar e se purificar antes de se aproximar.

Mas não foi assim com esse pai. Ele estava ativamente vasculhando o horizonte, sofrendo pela ausência do filho há tanto perdido. Cheio de compaixão, ele colocou de lado a tradição, e correu em direção ao filho para abraçá-lo e beijá-lo, ficando impuro no processo. Ele não se importava com isso. Imagine seus servos boquiabertos, confusos pelo que assistiam enquanto o cenário se desdobrava. Eles não tiveram muito tempo para continuar a observar tudo aquilo por muito tempo. Logo, as ordens seguiram:

Encontrem as melhores vestes.
Um anel.
Calçados.
Matem um cordeiro que eu estava engordando (será que havia sido para esta ocasião?)

A condição daquele filho não importava, somente que ele estava vivo. As ações do filho não fizeram nada para diminuir seu valor. Ele era amado. Ponto final.

Se algum dia você questionar quão profundamente e intensamente Deus Pai te ama, essa história servirá para dissipar toda dúvida.

Agora, havia um outro filho nessa história. *Ele* não desperdiçou sua herança ou partiu o coração do pai. Este filho foi a pessoa da qual ele mais dependia, gerindo os negócios do pai e sem nunca pedir algo em troca. Ele era tão bom nisso, de acordo com seus critérios, que ele nunca tinha quebrado um mandamento. Aiaiai. Os irmãos mais velhos. Por que eles têm que ser tão perfeitos?

Um dia, depois de ter trabalhado nos campos diligentemente, ele ouviu o barulho de uma festa. Um servo disse-lhe as boas novas, que seu irmão havia retornado. Ao invés de alegrar-se, o filho mais velho "encheu-se de ira, e não quis entrar" (Lucas 15:28).

Imagine as multidões reunidas ao redor de Jesus, sentadas na grama, à beira de seus assentos improvisados, em total expectativa. Porventura o pai tomaria o lado do irmão mais velho nessa história cheia de episódios surpreendentes? Será que ele mudaria de opinião sobre perdoar ou não o filho pródigo?

Em mais uma reviravolta surpreendente, o pai não fez nenhuma das duas coisas. Em vez disso, mais uma vez, ele assumiu uma postura de humildade.

Ele foi até seu filho.

Ele ouviu atentamente, enquanto o filho expôs toda sua ira.

E então ele suplicou. "Meu filho, você está sempre comigo, e tudo o que tenho é seu. Mas nós tínhamos que celebrar a volta deste seu irmão e alegrar-nos, porque ele estava morto e voltou à vida, estava perdido e foi achado" (Lucas 15:31-32).

A história termina aqui, mas a mensagem fica clara: assim como as ações do filho mais jovem não *diminuíram* em nada seu valor, da mesma forma as ações do filho mais velho não conseguiram *aumentar* em nada seu valor. Ambos eram amados igualmente.

O amor do pai pelos seus filhos foi mais além. Cheio de compaixão, ele lutou para reconciliar sua família. Nada conseguiu impedi-lo, nem ao menos:

Os porcos.
A imundícia.
A vida devassa e a prostituição.
O orgulho.
O desprezo.
A rivalidade entre irmãos.
Ou a ira.

Jesus ofereceu ao Seu público uma imagem diferente sobre Deus da que eles haviam visto exemplificada até então. Nosso Pai celestial é amável, corajoso, humilde, perdoador e incansável na busca pelos seus filhos. Ele não é maldoso, ditatorial ou punitivo. Podemos nos aproximar dele uma e outra vez. Tudo o que ele tem, está disponível para nós.

Se pensarmos, por um segundo que seja, que ele não perdoa e que ele demanda *performance*, estaremos perdidos. Pode ser que fugiremos para estar com os porcos ou tentaremos executar todas as nossas obrigações religiosas para agradar a Deus, desprezando todas as outras pessoas que não estiverem se esforçando tanto quanto nos esforçamos. Nenhuma dessas opções será a resposta certa.

Quando fugimos, Ele vasculha o horizonte. Quando nos iramos, Ele suplica que vejamos a situação através do seu olhar de graça.

Se acaso você se encontra na posição do irmão mais velho hoje, exausto de tentar ser bom o suficiente, liberte-se. O preço já foi pago; custou muito caro. Você é livre para ser acolhido nos braços do Pai, coberto na perfeição do Filho de Deus.

E caso você seja o filho mais jovem, em fuga, vivendo em meio aos porcos e coberto das impurezas do mundo, volte para casa. Retorne para o Senhor. Tudo ficará bem; você será amado e perdoado. Aproxime-se d'Ele e escute Seu coração. Eu quase consigo ouvir Suas palavras dizendo...

Está tudo bem meu filho, vou cuidar de você.

CAPÍTULO 4

AGRADANDO PESSOAS IMPOSSÍVEIS DE AGRADAR

Curando a inadequação

U ma vez, um rapaz que era como um filho para mim e para o meu esposo contou-nos uma história sobre sua adolescência. Ele foi criado próximo a uma casa de eventos muito grande no Colorado. No dia anterior a algum *show*, a equipe colocava cones de construção de cor laranja fosforescente por toda a pista, para ajudar os atendentes a direcionarem o fluxo de carros por aquela estrada interiorana mais facilmente.

Ele e seus amigos tiveram uma ideia não tão brilhante de reposicionar os cones "só por diversão". Eles esperaram os trabalhadores irem embora, e então arrastaram os cones para uma outra colina, criando um novo caminho. Então, eles se esconderam por detrás de alguns arbustos para observarem o que aconteceria.

Completamente alheios ao fato de que seguiam na direção errada, o público prontamente seguiu o novo caminho traçado pelos cones, chegando até uma colina sem saída, bem longe do evento. Sem ter por onde escapar, formou-se um engavetamento. As pessoas buzinavam e gritavam umas com as outras; então, as luzes das sirenes foram vistas, a polícia chegou e, pasmos, começaram a distribuir multas. Em meio ao caos, os rapazes se assustaram, concluíram que seria melhor fugir dali e correram para casa para se esconder. Mal pude me conter e comecei a rir ao ver seu olhar consternado enquanto ele recontava a história e o resultado desastroso que teve.

Podemos concordar que essa não foi sua melhor ideia, mas a história oferece uma boa conclusão: Não é porque o caminho parece ser legítimo, que todos devemos seguir por ele.

Quando crianças, seguimos fielmente os caminhos que os adultos estabeleceram para nós. Era assim e pronto. Até mesmo se os cones nos levassem para a colina errada. Sempre que eu desagradava a Mamãe, ela recitava um poema para mim.

> *Havia uma menininha com um cacho enroladinho*
> *Bem no meio da testa, bem certinho.*
> *Quando era boazinha, era um doce encantador,*
> *Mas quando era malvada... dava até pavor!*

Desesperada para provar que eu não era uma criança apavorante, tornei-me uma pessoa que vivia para agradar aos outros. Tracei esse caminho perigoso com frequência, mas não importa o quanto eu tentava, sempre acabava do mesmo jeito: ela continuava infeliz.

Minhas tentativas de conquistar a aprovação da minha mãe ou de simplesmente ter sua atenção eram rechaçadas ou ignoradas. Sentia-me como a mulher descrita no evangelho de Marcos que derramou seu unguento precioso sobre a cabeça de Jesus, enquanto outros retrucavam que seu presente era um desperdício. Como poderia saber, naquela época, que nada que eu fizesse seria suficiente para a Mamãe? Naquele tempo ela ainda tinha uma alma ferida, e apesar de eu ter me responsabilizado por sua felicidade, verdadeiramente eu não era a responsável.

Ao tentar agradar a Mamãe a todo custo, desenvolvi uma crença enraizada na codependência: só estou bem quando ela está bem. Visto que meu bem-estar dependia do seu, eu vivia para fazê-la feliz. Devido as turbulências em sua alma, eu nunca entenderia que tal tarefa seria impossível de realizar.

Lembro-me das praias cristalinas da Flórida, com aquela faixa aparentemente infinita de areia branca que se estendia por quilômetros de distância. Deitava-me sobre minha toalha depois de nadar, olhos cerrados, tomando sol, sentindo o calor agradável e o sal arder levemente na pele enquanto eu secava. Podia ouvir as ondas do mar batendo na encosta da praia e as gaivotas divertidas chamando umas as outras. Repentinamente, quando eu menos esperava, senti bater um frio. O céu escureceu, e um trovão soou enquanto uma tempestade se aproximava de nós. Sem tempo de recolher minha toalha, a chuva começou a cair torrencialmente. Corri para me abrigar, tremendo de frio debaixo de uma árvore. Um minuto, quente e aconchegante; no seguinte, deplorável. Isso exemplifica o quanto que os humores oscilavam em nossa casa.

Na vida adulta, eu inadvertidamente escolhi relacionamentos com pessoas temperamentais, sempre com o mesmo objetivo: agradá-las. Não percebia que tentava corrigir um relacionamento nuclear do passado que havia dado errado. Da mesma forma, nenhum dos meus esforços eram suficientes.

Isso é como o ditado antigo sobre posicionar corretamente a pedra angular de um prédio. Se a pedra angular não for posicionada com precisão, toda a estrutura correrá o risco de desmoronar. Com os meus relacionamentos iguais à Torre de Pisa, reconheci a necessidade de examinar minha pedra angular. Ao fazê-lo, descobri a mentira que estava lapidada nela:

Sou malvada de um jeito apavorante, e preciso provar que não sou.

Em *todos* meus relacionamentos, eu começava com um déficit. Isso era uma receita pronta para um desastre. Não é de se surpreender que estivesse sempre correndo atrás do prejuízo, me exaurindo enquanto tentava agradar as pessoas. Meu valor próprio não podia mais ser determinado por essa mentira ou por pessoas para quem nada do que eu fazia era suficiente.

———————

No Evangelho de Mateus, Jesus conta uma história sobre dez mulheres que aguardavam o noivo chegar para o banquete de casamento. Culturalmente, o noivo surpreendia a noiva com sua chegada – imagino que isso não cairia muito bem nos dias de hoje. De qualquer forma, os convidados deveriam estar preparados para qualquer imprevisto, inclusive atrasos. Os símbolos de seu preparo eram suas lamparinas e o azeite.

Cinco delas chegaram com suas lamparinas cheias até o topo com azeite, e mais uma quantia extra, caso levasse mais tempo do que o planejado. Isso exemplifica a imagem de *pessoas saudáveis*. Elas assumem suas responsabilidades com seriedade, preparam-se para situações inesperadas, e não esperam que ninguém mais resolva nada por elas. Elas entendem que ao falharem em fazer sua parte, elas estão sobrecarregando outras pessoas desnecessariamente. Elas fazem seu trabalho crendo que a celebração valerá a pena no final. Jesus chama essas pessoas de sábias.

As outras cinco mulheres chegaram com somente uma lamparina. Quando o noivo demorou mais do que o esperado, o azeite delas se esgotou. Ao invés de assumir a responsabilidade pelo seu despreparo, elas fizeram o que as pessoas emocionalmente instáveis fazem: elas foram para aquelas outras que tinham cumprido seu trabalho e demandaram que lhe dessem um pouco do seu azeite. Em outras palavras, elas concluíram que os outros deveriam resolver um problema que elas haviam gerado para si. Jesus chama essas mulheres de tolas. Isso exemplifica *pessoas que não são saudáveis:*

Exigentes.
Presunçosas.
Esperam que outros realizem seu trabalho.

Esta é a lição. Não somos responsáveis pelo bem-estar emocional dos outros. Certamente podemos apoiar e amar as pessoas, mas o vazio que elas sentem só pode ser preenchido através de tempo gasto na presença de Jesus e cura interior. Somos responsáveis somente pelo azeite que enche as nossas lamparinas.

Enquanto nos focarmos em agradar os outros, sempre sentiremos que precisamos dizer sim para as pessoas exigentes. As mulheres sábias estavam focadas nas expectativas do noivo. Elas responderam: "Não, pois pode ser que não haja o suficiente para nós e para vocês. Vão comprar óleo para vocês" (Mateus 25:9).

Sem uma alternativa, as mulheres tolas partiram para

conseguir mais azeite. Enquanto isso, o noivo retornou, e as cinco mulheres sábias uniram-se a ele no banquete. As portas se fecharam. As mulheres tolas chegaram tarde demais. Ao final da história, Jesus elogia as cinco noivas durante a celebração por escolherem *não* partilhar seu azeite.

Não conseguiremos entender o objetivo principal da história se fizermos dessa parábola um ensino sobre compartilhar. A parábola trata de prioridades e sabedoria. As cinco mulheres sábias alinharam suas prioridades com o noivo, que representava Jesus. Ele queria que elas estivessem preparadas para Sua vinda. Isso significa que houve o tempo certo para dizer sim e para dizer não.

Quando nos curarmos, precisaremos reduzir nossas atividades para dar à nossa jornada a atenção merecida. As pessoas que se acostumaram a ouvir o seu sim o tempo todo terão dificuldade em aceitar suas novas prioridades.

Está certo. Deixe-os lutar.

Aos oito anos de idade, Jesus falou comigo através de um encontro profundo, dizendo: *Eu chamei você para curar.* Tempos depois, Ele repetiu a frase, mas enfatizou a palavra "você". Entendi que apesar de ter sido ferida, isso não me isentava de ter que trabalhar duro para alcançar minha cura. Não poderia usar meu passado como desculpa para permanecer ferida ou para exigir que outras pessoas fizessem esse trabalho por mim. Por mais difícil que tenha sido, eu tive que tomar as rédeas da minha trajetória.

Isso é sábio: curar, crescer, doar-se para os outros que estão *genuinamente* necessitados, enquanto resisto a tentação de agradar as pessoas que acreditam que dependem de mim para serem felizes. Devemos trilhar o mesmo caminho que as mulheres sábias e abraçar a verdade: não teremos o suficiente para nós mesmos enquanto estamos sendo curados se continuarmos a ceder às exigências intermináveis das pessoas que são impossíveis de agradar.

Chega um tempo quando devemos estabelecer um limite em nossas vidas e dizer não para as pessoas. Ao invés de nos sentirmos inadequadas, teremos conversas bem diferentes que refletem a sabedoria encontrada na história de Jesus.

Segue abaixo alguns conceitos a serem considerados baseados nas lições encontradas na parábola acima:

- Reconheça que você não terá recursos suficientes para si mesmo e para aqueles que são realmente necessitados, se oferecê-los para pessoas impossíveis de agradar.
- Ao ceder às pessoas exigentes, você não terá tempo suficiente para priorizar os pedidos amáveis que Jesus fizer. Jesus nunca nos faz sentir culpados; Ele pede e Ele convida.
- Seu trabalho é preocupar-se em encher sua lamparina; os outros que encham as deles. A decisão deles em não se prepararem não significa que seja um comando de ação da sua parte.
- O azeite tem um alto custo. Eu paguei o preço, financeiro e emocional, para ser curada, o que levou anos. Outros também podem pagar o preço do preparo e do trabalho árduo. A responsabilidade é deles.
- Jesus nos ensina que somos a luz do mundo. Devemos manter nossas lamparinas acesas para contribuir com o Reino de Deus.

Sou muito mais feliz quando minha pequena lamparina está cheia, e digo sim de um lugar de abundância ao invés de escassez.

Por mais vezes que já pude contar, pedi a Deus para livrar-me de compromissos que havia feito porque me senti pressionada a dizer sim quando na verdade queria dizer não. "Por favor, faça com que eles cancelem", eu orava. E você, alguma vez já fez isso antes? Um dia, Deus ordenou que eu me preparasse para dar um "não" santificado, ou seja, ele pediu que eu lhe desse a autoridade do meu sim ou não, antes de entregá-los aos outros. Comecei a ensaiar dizer não algumas vezes, sempre que Ele me pedia.

Algumas pessoas ficaram chateadas, mas graças a Deus, meu "não" impulsionou-as a reavaliar os motivos delas sempre dizerem "sim" e a lidarem melhor com suas vidas sobrecarregadas. Para mim, isso provou ser uma ferramenta poderosa de identificar amizades saudáveis. Amigos compreensivos respondiam graciosamente, "Sem problema", e até se ofereciam para me ajudar. Eles são meus amigos até hoje.

Dizer não para pessoas exigentes não é fácil, pelo menos não a princípio. Mas quando você começa a dizer sim de um lugar de confiança interior, ao invés de simplesmente tentar conquistar a aprovação dos outros, isso se torna algo muito mais agradável para todas as pessoas envolvidas.

———————

Anteriormente, mencionei brevemente uma mulher e seu precioso jarro de azeite.

Essa história apresenta tantas situações dinâmicas e diferentes. Trata-se de uma mulher cheia de gratidão que derramou seu caro perfume sobre a cabeça do seu Salvador, banhando-o com um presente muito perfumado. Mal consigo compreender tamanho ato de adoração extravagante.

Apesar disso, os homens ao seu redor repreenderam-na. Eles consideraram seu presente um desperdício, indiretamente chamando Jesus de desprezível. Eles não consideraram Jesus alguém digno de receber tamanha extravagância. Para eles, até o Salvador do mundo não foi digno o suficiente.

O mundo está repleto de pessoas com padrões inalcançáveis.

Perceba as palavras de Jesus ao defendê-la: "Deixem-na em paz", disse Jesus. "Por que a estão perturbando? Ela praticou uma boa ação para comigo" (Marcos 14:6). Seu presente foi mais do que suficiente para Jesus, que o nomeou uma "boa ação". Ele prometeu que ela seria lembrada todas as vezes que as pessoas contassem essa história do evangelho. Impressionante.

Jesus considera tudo o que fazemos algo significativo, até mesmo quando entregamos algo tão simples quanto um copo de água. Ele recebe nosso presente de amor alegremente, quer isso seja algo grande ou pequeno.

Minha filha Zoe criava um projeto de arte atrás do outro para me presentear quando criança. Ela colava pequenas contas na cartolina, picada por seus dedos grudentos de cola e as dava para mim cheia de orgulho. Eu recebia carinhosamente cada um desses projetos. Por quê? Porque ela é minha filha amada, e cada presente vindo dela é uma demonstração de amor que penetra meu coração. Ela nunca precisará conquistar meu amor; ela sempre o terá.

Nós somos os filhos e filhas amados de Deus. Ele não espera que façamos coisas suficientes ou nos tornemos suficientes para que Ele nos ame. Já nascemos sendo amados, e seremos sempre amados. Ele nunca nos tratará com desprezo ou com críticas. Mesmo sabendo que nunca poderemos cumprir as demandas da lei, Ele cuidou de tudo através da morte de Cristo; Não há nada que possamos fazer para acrescentar à nossa salvação. Somos suficientes em Cristo.

Saber dessa verdade nos liberta para agradarmos a Deus em *razão* do Seu amor por nós, *sem precisarmos conquistá-lo.*

Estou pronta para dançar pela eternidade com a beleza dessa revelação. Ao fazê-lo eu substituo a mentira na minha pedra angular com a verdade. Eu sou amada. E em meio a isso tudo, reescrevi meu poema:

Havia uma menininha com um cacho enroladinho,
Bem no meio da testa, bem certinho.
Quando ia bem, era muito, muito amada,
E quando tentava e falhava, era amada da mesma forma.

Tudo bem. Pode não rimar. Mas, finalmente, pelo menos é real

CAPÍTULO 5

O ÍDOLO DO MINISTÉRIO

Curando as feridas causadas pela igreja

V ocê tem minha permissão para sair de todos os relacionamentos tóxicos.

Olhei para o meu esposo para ver se eu havia escutado
corretamente o nosso pastor, visto que esse tipo de conselho
não é comum nas pregações matinais de domingo. Já havia
recebido esse conselho diversas vezes durante sessões de terapia. Mas nunca na igreja.

Ted fez que sim com a cabeça. *Pois é. Ele disse isso mesmo.*
Anotei apressadamente as palavras no meu caderno e logo
depois apertei o caderno contra meu peito, como se temesse
que o conselho pudesse de alguma forma desaparecer. As
pessoas precisam de pastores que se levantem e as defendam
nas áreas da saúde mental. Infelizmente, essa não é a realidade mais comum.

Ao ponderar suas palavras, concluo o seguinte: mesmo

tendo trabalhado duro para eliminar relacionamentos tóxicos, confrontando a razão pela qual eu os escolhi – tentar agradar pessoas impossíveis de agradar –, meu relacionamento tóxico mais duradouro não era com uma pessoa. Era com a igreja.

Ao abrir das portas da igreja, nossa família já estava lá, impecavelmente vestida. Não importava se o mundo havia desabado na noite anterior por causa de alguma discussão; éramos obrigados a frequentar a igreja com um sorriso no rosto estampado em nossas faces, agindo como se tudo fosse mil maravilhas. Ao nos observar, você teria concluído que éramos a família perfeita.

Depois do sermão, Papai ficava ao lado da porta de entrada, abraçando todas as pessoas que desejassem um abraço de adeus. Suas roupas manchadas de lágrimas e maquiagem, pelas mulheres que estavam a chorar. Ele olhava para elas com benevolência, cheio de compaixão. Não tenho dúvida de sua sinceridade. Mesmo assim, a hipocrisia do que as pessoas viam na igreja comparado ao que nós vivíamos não podia ser ignorada, até mesmo para a minha jovem mente. Quando chegávamos em casa, a torneira secava; ou seja, os abraços cessavam e ele ficava em silêncio.

Uma coisa aconteceu que só fui reconhecer com o tempo, através da sabedoria que adquiri na vida adulta. Papai havia criado um ídolo. Em um desejo profundo de agradar a Deus, ele fez do ministério e do próprio Deus, a mesma coisa.

Eles não são.

Sempre que igualamos Deus a alguma coisa ou elevamos algo acima d'Ele, criamos então um ídolo. Diferente de Deus, que aceita nossa adoração amavelmente, os ídolos demandam isso; eles devem ser servidos dia e noite. No nosso caso, Papai sacrificou sua família no altar do ministério. Os sábados eram para redigir o sermão, os domingos para pregar, e as segundas, quando estávamos na escola, ele tinha seu dia de descanso.

O teólogo e autor Larry Titus conta como uma vez ele compartilhou orgulhosamente acerca de seu trabalho duro no ministério, do qual raramente ele tirava férias, até que Deus falou com ele o seguinte: "Pare de se gabar; você pecou contra sua família".

Papai não aceitava que nada ficasse no caminho de seu ídolo, nem mesmo nossa família. Se algo na nossa família colocasse em risco nossa reputação perante a igreja, caso eles ficassem sabendo de algum fato ocorrido, aquilo era tratado de forma muito severa. "Não ouse destruir o ministério de Papai", tornou-se um refrão comum. O ministério sempre recebia o melhor de Papai. Conheço muitas pessoas que sentiram o amor e a cura que seu ministério proporcionou. Mas também estou ciente que a nossa família sofreu, sendo que nós poderíamos ter sido seu maior legado de amor.

———————

Por que é que a transparência é algo tão difícil para os líderes? Creio que isso ocorre porque alguns, não todos, assumiram a mentira da perfeição. Como o cabeça, o pastor presidente ou executivo – todos os títulos acrescentados à preferência bíblica de ser simplesmente "pastor" – crê falsamente que deve manter uma pose porque tudo o mais depende dele.

Não acredito que isso aconteça do dia para a noite. Muitos começam suas jornadas como pastores de jovens muito humildes. Contudo, algo muda dentro deles conforme eles sobem de cargo. Eles se tornam "importantes" o suficiente para ter a vaga de estacionamento reservada com seu nome. As pessoas apreciam seus sermões e demonstram sua gratidão. A sensação de tudo isso é muito boa, e eles começam a acreditar nas suas próprias histórias.

Gradualmente, à medida que a pressão de ter que desempenhar semana após semana aumenta, o medo do fracasso também se intensifica. Os dias se tornam mais longos, e a paciência mais curta. Se no passado eles pediam, agora eles demandam, e ninguém tem a ousadia de contrariá-los. Temendo a possibilidade de as pessoas descobrirem os seus defeitos, eles encolhem seu círculo de prestação de contas. Sem ter que prestar contas a ninguém, o pastor que anteriormente era bem-intencionado pode tornar-se vítima de muitas coisas, inclusive tentação sexual. Infelizmente, vemos isso estampado nos noticiários com frequência, e a hipocrisia impede muitas pessoas de frequentarem uma igreja.

Jesus conhece o que repousa em nosso coração. Nossa fragilidade e propensão ao ego é a razão pela qual ele disse que a igreja pertence a Ele e que cabe a Ele edificá-la. Nós devemos edificar o Reino. Uma mentalidade de reino é *completamente* diferente. O povo de Deus deveria estar muito ocupado representando e servindo o Rei para se preocupar com títulos.

Nosso Rei veio como um servo; Ele espera que atuemos da mesma forma. Jesus nos ensina que não devemos ser como os gentios que se impuseram com autoridade sobre as pessoas. Ele se humilhou, entrando em Jerusalém sobre um jumento, algo inédito para reis conquistadores que preferiam cavalos de guerra.

Por que, então, precisamos de fanfarra e títulos? Como diz Larry Titus, por que não ser o jumento a carregar o mensageiro?

A hipocrisia entre os líderes cristãos não é algo inédito. Nos tempos bíblicos, o gado era preso através de um jugo a outro

gado para que juntos pudessem arar os campos. Isso tornou-
-se uma analogia para uma expressão cultural idiomática.
Tomar o jugo de um rabino significava adotar seus ensina-
mentos. O problema é que os rabinos demandavam a ade-
rência perfeita à Lei enquanto se ocupavam em criar brechas
para si mesmos.

Em contraste, Jesus disse às pessoas para tomarem sobre
si Seu jugo suave. Jesus disse para aprenderem com Ele, ao
invés d'Ele ser um dos que deveriam impor jugos pesados
sobre o povo.

Apesar de já ter dado meu coração a Jesus ainda bastante
jovem, lutei muito para conectar-me com Ele. Eu, também,
estava sobrecarregada desnecessariamente com as demandas
da perfeição. Quando eu inevitavelmente falhei em manter
esse padrão, pensei que Deus estivesse decepcionado comigo.

———————

Trabalhei num lindo *resort* na minha fase adulta. Uma certa
noite, depois de supervisionar um evento de gala no salão de
festas que ficava no andar debaixo, voltei para os escritórios
executivos para buscar as chaves do meu carro e dirigir-me
para casa. Reparei que a luz do escritório de minha amiga
Sue estava acesa e passei por lá para dar boa noite, mas parei
repentinamente quando eu vi Denise sobre seu sofá.

A Denise e eu tínhamos um relacionamento conturbado.
Se eu dissesse algo de certo jeito, ela interpretava aquilo de
outra forma, e vice-versa. Ela compartilhava de sua fé abertamente, então eu sabia que ela era cristã. A essa altura da
minha vida, eu ainda amava Jesus, mas não gostava muito
dos filhos d'Ele. Comecei a dar a meia-volta quando a Sue
insistiu que eu entrasse.

— A Denise e eu estamos conversando sobre meus problemas com o Jim. Preocupada, adentrei o escritório luxuoso

da Sue. Eu me importava com minha amiga e seu processo de anos com o homem que ela amava.

— Tá tudo bem? - perguntei.

— Sim - respondeu ela, sem me convencer. De repente, fiz algo completamente   imprevisível. As palavras rolaram dos meus lábios antes que eu pudesse detê-las.

— Vamos orar pela Sue, eu disse, chocando todas nós. Até o dia de hoje, eu ainda não sei por que eu disse aquilo. Talvez o instinto antigo da filha de pastor tenha sido acionado. Mais provavelmente, devido ao orgulho, eu quisesse passar uma imagem de pessoa piedosa. De qualquer maneira, foi completamente inesperado.

— Ah, com certeza! - elas responderam ao formarmos um círculo. Tomei suas mãos, e a Denise acrescentou:

— Vou segurar suas mãos com cuidado, pois acabei de fazer minhas unhas.

Seria possível rolar os olhos em desdém sem que ninguém percebesse? Porque eu sei que eu o fiz.

Típico. Pensei comigo mesma antes de fazer uma oração bem religiosa sobre a Sue, daquele tipo bem longo, onde você diz todas as coisas certas, e ainda assim não tem absolutamente poder nenhum. Quando eu terminei, a Denise ficou imóvel, assim como a Sue.

Esperei, e assim que comecei a me sentir desconfortável, Denise posicionou suas mãos de cada lado de minha cabeça, aparentemente esquecendo-se de sua manicure. Senti-me encurralada. Uma onda de pânico claustrofóbico veio sobre mim, mas ela persistiu. Até o dia de hoje, ainda debatemos de forma brincalhona sobre o ocorrido. Ela defende que me tocava "levemente" enquanto eu explico a ela que podia sentir suas mãos fechadas como garras, de onde nem mesmo um lutador profissional poderia ter se desvencilhado. Provavelmente, as duas versões tenham um pouco de verdade.

Então a Denise começou sua oração - somente com duas palavras, mas certamente poderosa.

— Confie em mim – ela disse, soltando sua mão. — Confie em mim – ela repetiu. E então, uma vez mais, e ainda mais alto: — Confie em mim. – E terminou sua oração.

Naquele momento, meu mundo virou de cabeça para baixo. Eu pude visualizar um jugo gigantesco sobre meus ombros, do tamanho de uma figueira. Depois, uma mão fechada em um punho ainda maior desceu dos céus e destraçou o jugo em milhões de pedaços. Foi completamente destruído, mas de forma impressionante, permaneci completamente intacta. Nem uma eternidade tentando unir os pequenos pedaços seria suficiente.

Antes mesmo de me dar conta, as lágrimas já estavam escorrendo pela minha face. Naquele dia, Deus usou uma mulher fiel do Senhor para orar ousadamente por outra mulher que estava despedaçada. Eu chorava enquanto minha nova amiga, Denise, acolhia-me em seus braços.

O meu jugo, claro, representava as inúmeras coisas que eu acreditava que tinha que fazer corretamente para agradar a Deus. Eu não havia percebido isso, mas eu não confiava em Deus. Nem um pouquinho. Eu pensava que Ele era:

- Distante e indisponível.
- Punia através do silêncio.
- Não se importava com os detalhes da minha vida.
- Agradava – brevemente – nas raras ocasiões que eu acertava.
- Pronto a se irritar quando eu cometia erros.
- Alheio às minhas dores.
- Incerto se acaso eu merecia ser salva.
- Aguardava para me dar um sermão quando eu chegasse no céu.

Quem quer servir um *bully* desses? Ninguém, simplesmente assim. Porém, esse era o deus que eu servia.

Na minha busca renovada por um relacionamento com Deus, queria entender como e quando Sua imagem havia ficado tão distorcida. Frustrada, com caneta e caderno em mãos, comecei a escrever. Foi quando um gráfico me veio à mente. Criei o gráfico na página do meu caderno. Tinha três colunas e estava disposto da seguinte forma:

Pai	Mãe	Deus

Depois disso, escrevi os atributos positivos e negativos do meu pai na coluna abaixo do seu nome. Fiz o mesmo para a minha mãe. Isso me levou um tempo. Segue um exemplo:

Pai	Mãe	Deus
Bom provedor		
Silêncio como punição		
	Impossível de agradar	
	Proporcionava férias especiais	

Finalmente, Deus me levou a colocar uma marca em *Sua* coluna para cada atributo que eu havia transferido a Ele sem perceber. Ficou assim:

Pai	Mãe	Deus
Bom provedor		✓
Silêncio como punição		✓
	Impossível de agradar	✓
	Proporcionava férias especiais	

Abismada, eu percebi que quase tudo que meus pais fizeram realmente moldaram minha percepção de Deus. Por exemplo, como o meu pai me punia com o silêncio, eu cri que Deus fazia o mesmo. Porém, visto que Papai proveu para nossa família da sua melhor forma possível, sentia que Deus também cuidava das minhas necessidades.

Destruir imagens erradas sobre Deus causou muito medo. Tive que substituir um deus malvado, como eu mesma o chamava, pelo Deus verdadeiro. Temia que caso eu escolhesse o deus incorreto inadvertidamente, seria punida.

Além de ter atribuído uma imagem incorreta de Deus através de meus pais, também o fiz por causa de abuso religioso por aqueles que infiltraram o ambiente eclesiástico. Meus medos se manifestaram em forma de ataques de pânico e terror noturno.

––––––––––––

Trabalhei arduamente para conhecer a verdade sobre Deus e substituir o *bully* na minha mente. Isso demandou coragem, tempo e fé. Garanto a você que assim como eu sempre estive debaixo dessa graça, assim também será com você.

"Pois Deus não nos deu espírito de covardia, mas de poder, de amor e de equilíbrio" (2 Timoteo 1:7). Jesus cumpriu todos os requerimentos da lei e nos deixou com um mandamento: amar uns aos outros assim como Ele nos amou. Ele nos convidou a termos um relacionamento de paz com Ele e enviou o Seu Espírito Santo como o consolador, para auxiliar-nos.

A partir disso, eu li minha Bíblia com novos olhos, focando no amor de Deus. Percebi que Jesus gentilmente removeu o fardo de sobre mim, ele não o acrescentou. Percebi que Ele tinha uma compaixão infinita pelas pessoas e os Seus discípulos, que frequentemente eram bem cabeças-duras. Trabalhei para ser curada da dor, camada por camada e separei, meticulosamente, a verdade das mentiras.

Regressei para a igreja, assentando-me no último banco, mas, mesmo assim, regressei. Encontrei uma pequena comunidade com um pastor muito gentil. Pessoas como essas ainda existem; continue a procurar mesmo se não as encontrar imediatamente. Semana após semana, ouvi o pastor ensinar sobre a graça, e semana após semana, fui sendo curada. O amor perfeito de Deus lançou fora o meu medo.

Uma certa vez, eu vi uma lista sobre as diferenças entre a voz de Deus e a voz do inimigo. Gostaria de saber quem criou esta lista para dar o devido crédito. Ajudou-me imensamente na minha jornada, e desejo que também lhe auxilie. Criei para mim uma versão parecida.

A voz de Deus	A voz de Satanás
te acalmate	te apressa
te abençoa	te rouba de ti
te lidera	te pressiona
te perdoa	te condena
te encoraja	te envergonha
te afirma	te amedronta
te conforta	te preocupa

A próxima vez que for tentado a crer na segunda coluna acima, olhe cuidadosamente para a primeira. Cada palavra na primeira coluna é a verdade sobre Deus e pode ser encontrada na sua Bíblia.

Quando criança, costumava sentar-me nos campos gramados e coletar as pequenas margaridas que ali cresciam. Nos meus dias, aquilo era a forma "científica" de determinar se o menino que você gostava também compartilhava do mesmo sentimento com você. Eu arrancava as pétalas da minha flor, uma por vez, intercalando as frases "Bem me quer" e "Mal me quer". Ficava sempre esperançosa que a última pétala que eu arrancaria terminaria com um final feliz: "Bem me quer"!

Certo dia, tive uma doce ideia. Imaginei que arrancava a pétala de uma margarida que Deus me deu, só que dessa vez, cada pétala que arrancava dizia: "Bem me quer".

Chegou o tempo de desconectar a voz das pessoas que te feriram da voz genuína de Deus. Escolha olhar somente para Ele; Ele é digno de confiança, gentil e amoroso. Você poderia passar uma eternidade inteira em Seu campo cheio de flores perfumadas e, ainda assim, a última pétala, a última palavra, sempre seria...

Ele me quer bem.

CAPÍTULO 6

POUCO A POUCO

Curando a sobrecarga

Posicionei várias amostras de tinta sobre a mesa em frente ao meu marido, Fred.

— Qual cor de tinta devemos escolher para a sala de estar?

— Isso é uma pergunta capciosa? - replicou ele.

— Não - respondi enfaticamente. — Por quê?

— Todas essas amostras são brancas.

— Amorzinho! - exclamei. — Olhe mais atentamente. Essa aqui é creme, esta outra branca tem um tom azulado, e essa aqui é um branco vibrante. - Ele examinava as amostras - e a mim - enquanto eu segurava cada uma delas e as posicionava sobre a parede, apontando como a luz modificava *levemente* cada cor.

— Consegue notar a diferença agora? - perguntei, esperançosa.

— Amor - replicou ele, balançando a cabeça -, você me paralisou completamente. Não faço ideia do que te dizer.

Nós dois rimos, e agora, quando nos sentimos sobrecarregados, dizemos: "Tudo isso é cor de tinta".

Sou suscetível a sentir-me facilmente sobrecarregada. Eventos futuros me perseguem como se fossem montanhas impossíveis de escalar, causando-me a preocupação. Às vezes, me preocupo com o tanto que a preocupação toma conta de mim. Até as coisas mais divertidas, como uma viagem, geram um cenário crescente de perguntas começando com "e se".

E se eu não levar a quantia certa de roupas íntimas?
E se o hotel não tiver um secador de cabelos?
E se o travesseiro for duro demais?
E se eu conseguir escutar as pessoas no quarto ao lado?
E se eles ficarem sem ÁGUA?

Antes que perceba, minha bagagem fica lotada de situações inevitáveis: duas malas depois, meu travesseiro, um ventilador portátil – entendedores entenderão – e logo estarei pronta para partir. A esta altura já provei todos os *looks,* estou preparada para visitar um deserto e uma tempestade de neve, e confirmei que minhas meias macias estão guardadas na minha bolsa. Tudo o que me resta agora é confirmar que o forno esteja desligado... e alugar um caminhão para transportar minha bagagem.

Talvez isso tudo seja o resultado da ansiedade que se originou no meu trauma de infância. De forma inconsciente, desenvolvi uma crença que dita que se algo pode dar errado, certamente dará.

Quando me preocupo com o resultado de uma decisão, sinto-me compelida a fazer uma lista mental de todos os possíveis resultados negativos antes mesmo de tudo começar, como se fosse para me preparar para o pior. Isso é exaustivo.

E se eles descobrirem que não faço ideia do que estou fazendo?

E se eles não gostarem do que eu fiz?

E se as pessoas forem maldosas?

E se ninguém se identificar com o meu trabalho?

Nesses casos, o medo normalmente vence. Ele tranca a porta para os meus sonhos e me paralisa.

————————

Quando iniciei minha jornada como escritora, eu já sonhava com isso há muito tempo. Eu pausei e reiniciei muitas vezes, mas finalmente encontrei um grupo de mulheres com as quais me conectei para participar de seu grupo de escritoras.

A primeira vez que apresentei meu trabalho, minhas mãos tremiam. Tive que sentar-me sobre elas para controlar o tremor. Gastei pelo menos cinco minutos implorando que elas me dissessem a verdade. Elas sorriram pacientemente e leram a introdução do livro que está agora em suas mãos. Ao invés de rejeitar meu trabalho, elas o abraçaram. Os olhos de uma amiga ficaram marejados, enquanto ela relembrava as dores da sua própria infância.

Naquele momento, percebi algo profundo.

Eu sempre me preparei para encarar um resultado negativo, mas eu *nunca* me preparei para um que fosse positivo.

Com isso, quero encorajá-lo a voltar a sonhar, e a imaginar novas possibilidades:

E se o projeto no qual você estiver trabalhando transformar vidas, e até quem sabe, especialmente, se ele transformar sua própria vida?

E se tudo caminhar tranquilamente?

E se você desfrutar do processo e fizer novas amizades? *E se isso for bom?*

A liberdade pode parecer um desafio, mas a Bíblia exemplifica perfeitamente uma geração que conseguiu alcançá-la. Suas lições de vida são relevantes até os dias de hoje.

Depois que Deus libertou os israelitas da escravidão, eles vagaram pelo deserto do Sinai por quarenta anos. Ali eles permaneceram, divididos entre retornar para os seus captores ou seguir em frente rumo aos perigos de uma terra desconhecida, presos entre o passado e o futuro. Toda aquela geração morreu, até mesmo depois de terem testemunhado milagres, como o partir do Rio Vermelho, água que fluía das rochas, e o pão diário na forma de maná que caía do céu.

Mesmo tendo conquistado a liberdade física dos seus captores, eles nunca alcançaram liberdade emocional ou espiritual, necessárias para adentrar a fartura da Terra Prometida. Pensar sobre isso é de partir o coração.

Debaixo da liderança de Josué, a próxima geração preparou-se para tomar posse da terra. Só de pensar na enormidade da batalha seria o suficiente para paralisá-los, e ainda assim Deus proveu Josué com uma estratégia de batalha.

Deus disse: "Não fiquem apavorados por causa deles, pois o Senhor, o seu Deus, que está com vocês, é Deus grande e temível. O Senhor, o seu Deus, expulsará, aos poucos, essas nações de diante de vocês. Vocês não deverão eliminá-las de uma só vez, se não os animais selvagens se multiplicarão, ameaçando-os" (Deuteronômio 7:21,22).

A direção que Deus deu inclui duas das maiores chaves para vencer o medo do desconhecido e para curar a sensação de sobrecarga.

Primeiro, Deus os alertou para não temerem seus inimigos. Somos grandemente suscetíveis ao medo quando olhamos para o futuro.

Existe um lindo aquário localizado em Monterrey, uma cidade no litoral rochoso da Califórnia. O aquário comprometeu-se com a educação do público e a preservação de animais aquáticos. Hábitats massivos foram criados para acolherem esses seres vivos. Minha exibição predileta é um tanque de dois andares cheio de longas algas verdes ondulantes, peixes de todas as espécies e tubarões de recife.

Um dia, ao submeter um assunto em oração que me preocupava muito, me vi *dentro* do tanque *com* os tubarões a uma certa distância. Então, como se tivesse apertado um botão de *zoom*, vi essa imagem novamente, mas numa distância menor. Notei que não estava na realidade dentro do tanque, mas sim, em pé à sua frente separada pelo vidro. Isso faz muita diferença.

No primeiro cenário, corri um grande perigo. No segundo, pude desfrutar com segurança daquela beleza e senti uma alegria imensa.

Quando nos focamos no futuro, temos a tendência de projetar sobre ele o medo e a apreensão. Criamos uma imagem como se estivéssemos dentro do tanque de tubarão. Mesmo assim, nossas experiências futuras normalmente são completamente diferentes e plenamente alegres, muito além do que imaginamos.

Já notou que os nossos inimigos – o medo e a dúvida –, na maioria das vezes, rondam o nosso futuro? Eles sabem que se aparecerem no nosso presente, serão menos eficazes em aniquilarem nossos sonhos.

Deus usa nossos passos de fé no presente para abrir o caminho para o nosso futuro.

A segunda estratégia é uma das minhas favoritas. Deus prometeu aniquilar as nações pouco a pouco por causa dos animais selvagens que andavam pelo território. Os animais selvagens eram mais numerosos que o povo; eles não poderiam cuidar de tudo o que Ele daria ao povo. Ao invés de tomarem todo o território mediatamente, eles deveriam avançar por partes, multiplicar, e então continuar a avançar.

Neste meio tempo, Deus usou seus inimigos para controlar os animais selvagens no lugar do povo. Este conceito é simplesmente incrível. Não é empolgante pensar que alguém mais poderia cuidar de algo que foi feito para você, antes daquilo ser seu?

Não é preciso ter ansiedade ou medo. Deus protegerá aquilo que está te esperando.

Se Deus sabe que devemos avançar gradualmente, por que tentamos lidar com tudo ao mesmo tempo? Isso é uma receita pronta para um desastre. Somos responsáveis somente pelo primeiro passo. Quando começamos a crescer, podemos dar o próximo passo.

O radialista e autor Dave Ramsey criou uma fórmula para isso: "Intensidade focada por um tempo, multiplicada pela bênção de Deus é igual ao impulso imbatível".[1]

Quando aprendi esse princípio, comecei a focar-me em passos mais fáceis de administrar que eu poderia dar. Pedi a Deus que me mostrasse por onde começar para que eu pudesse avançar debaixo de Suas promessas para mim.

Não surpreendentemente, Ele começou me dando algo pequeno.

------

1   Disponível em: https://x.com/DaveRamsey/status/773110841730338816. Acesso em: 6 de setembro de 2016, às 3:49hrs.

Escrever um livro parecia algo inalcançável. Comecei com um parágrafo por dia no meu diário. De início, eu tinha pouco para escrever, rabiscando somente uma ou duas linhas, às vezes algo tão simples quanto "Bom dia, Jesus". Não vou mentir; parecia algo fútil, mas muitos anos depois, eu frequentemente escrevo várias páginas por vez. Ganhei prática em escrever sem perceber, e para minha surpresa ainda maior, estou amando.

Visto que eu levava meu diário para todo lugar que eu ia, foi com gratidão que fui despertada para o momento em que Deus começou a falar comigo inesperadamente. Na manhã do nosso último dia de férias no Havaí, Teddy e eu nos sentamos na praia, observando as ondas quebrarem na encosta suavemente. Sentia a areia molhada sob meus pês, e uma brisa morna que carregava a fragrância de plumárias acariciava a minha face. Tão pacífico. Desenterrei meu diário de dentro da minha bolsa de praia e o repousei sobre meu colo. Com uma caneta em uma mão e um café na outra, eu decidi sonhar um pouco. Depois de anotar uma lista de desejos, pausei. Foi então que Deus decidiu compartilhar Seu desejo de usar aquilo que eu escrevia. Pedi que Ele providenciasse a oportunidade.

Dentro de alguns meses depois daquele momento, Larry Titus me pediu para fazer uma parceria com ele numa ideia de livro que ele tinha. Produzimos o livro, e depois mais um nos dezoito meses seguintes.

Você tem um grande objetivo? Ore sobre o primeiro passo. Encaixe sua promessa em pequenas disciplinas diárias. Não há idade limite para isso. Jesus esperou trinta anos para começar Seu ministério público. Atualmente, estou no meu sexto ano.

Os sonhos não possuem uma data de expiração quando os mantemos vivos pela fé.

E o que importa se alguém mais está fazendo algo parecido? As outras pessoas não são iguais a você. Mesmo que o que eles tenham feito seja aparentemente semelhante, aquilo que você produz é completamente único, baseado em sua própria experiência. O mundo precisa das suas contribuições.

———————

Já ouvi pessoas atribuírem seu sucesso financeiro ao hábito de arrumarem suas camas todos os dias. Enquanto eu certamente não ficaria chateada com o resultado, minha razão para arrumar minha cama diariamente é muito mais pessoal.

Na maior parte dos dias, antes dos meus pés tocarem o chão, já começo minha batalha com a sensação de sobrecarga. Arrumar minha cama me ajuda a acalmar esses sentimentos ansiosos. Estico os lençóis deixando-os bem justos nos cantos da cama, aliso a coberta, e afofo o edredom. De alguma forma, faz-me sentir melhor. Um pequeno passo, que leva somente alguns minutos, traz benefícios para a minha saúde mental no decorrer do dia, pois inevitavelmente isso me guia para as minhas próximas tarefas.

Em Atos, capítulo 9, o apóstolo Pedro visitou a cidade de Lídia, onde ele conheceu um homem paralítico. Conta a história que Pedro diz: "Enéias, Jesus Cristo vai curá-lo! Levante-se e arrume a sua cama" (Atos 9:34). Enéias levantou-se imediatamente; sua enfermidade crônica e paralisante foi curada. Por que será que arrumar a cama foi a primeira coisa que Pedro pediu que Enéias fizesse? Será que o homem não gostaria de correr por algum tempo? Sei que gostaria.

Os estudiosos têm muitas teorias sobre isso. Por exemplo, quando Jesus curou o homem paralítico, ele ordenou que tomasse sua cama e andasse. A cama representava seu antigo estilo de vida como um pedinte, algo que agora ele poderia deixar para trás. Algumas pessoas dizem que Pedro imitou

Jesus. Outros sugerem que Pedro desejava que o homem colocasse em ação sua cura.

Mesmo sem descontar essas hipóteses, tenho minha própria opinião sobre isso. Assim como coisas ruins podem nos sobrecarregar, coisas boas também podem. Por vezes, já me senti positivamente sobrecarregada pela tremenda amabilidade dos meus amigos tão carinhosos em meio a alegres celebrações.

Talvez, por mais que tenha sido maravilhosa a sensação de ser curado, o ato simples de arrumar sua cama, de fazer algo que antes ele não conseguia fazer, estabilizou o sentimento de sobrecarga no interior deste homem.

O milagre abriu o caminho para o comum, porque o comum é em si um verdadeiro milagre.

———

A Bíblia possui outros exemplos de pessoas realizando simples tarefas imediatamente após serem curadas. Jesus ressuscitou uma jovem e então pediu aos pais dela que lhe trouxessem algo de comer. Quando Ele curou a sogra de Pedro, a primeira coisa que ela fez foi preparar uma refeição.

Existe algo peculiar em fazer atividades comuns que nos equilibra, depois de eventos emocionantes. Minha amiga limpa sua casa imediatamente quando seus filhos adultos partem para a universidade. Isso lhe ajuda a lidar com os sentimentos de solidão.

Às vezes, saber por onde começar pode parecer difícil quando as coisas nos dão a sensação de estarmos sobrecarregados. Quando minha filha era pequena, e seu quarto parecia um tornado de brinquedos, eu não dizia para ela ajeitar seu quarto. Sabia por experiencia própria que aquilo não seria eficaz.

Ao invés disso, explicava para ela como começar: "Vamos

arrumar a cama; isso sempre ajuda a dar uma aparência mais arrumada".

Então, nós organizávamos os brinquedos em pilhas de itens semelhantes: animais de pelúcia ficam em um montante, as bonecas em outro, e assim por diante. A tarefa tornou--se bem mais simples, e deixei minha filha a sós para que pudesse devolver facilmente seus brinquedos para os cestos apropriados.

Nossa mente não é diferente disso. Quando temos a sensação de que o dia será pesado, precisamos criar uma lista e, caso ajude, organizá-la por categoria. Complete uma tarefa. Isso não é só bom; isso é fantástico. Seja amável consigo mesma. Zacarias 4:10 nos diz que não devemos menosprezar os pequenos começos.

As pequenas coisas crescem.

Jesus disse que o Reino de Deus é como uma semente de mostarda que se torna uma grande árvore, ou também uma pequena porção de fermento que leveda a massa. Ele contava parábolas sobre as pequenas coisas, como as moedas e as pérolas. Ele escolheu doze discípulos, não uma centena. Ele multiplicou o almoço de um menino e alimentou milhares. Ele falou da bondade de doar a um desconhecido um copo de água – somente um copo.

Os atos singelos e amáveis têm o poder de mudar o mundo. Estes atos podem repelir a negatividade e aliviar a ansiedade.

Eles representam atos de graça.

Um certo dia, estava parada na fila de *drive-through* de uma cafeteria, aguardando a minha vez de prosseguir em frente. Distraí-me lendo uma mensagem de texto, mas o pequeno espaço que se formou não era uma grande preocupação, visto que ainda havia dois carros na minha frente para serem atendidos. O homem do carro atrás de mim não concordou. Ele soou a buzina da sua caminhonete de forma barulhenta e ininterrupta. Eu quase saltei do meu próprio corpo, e o meu celular saiu voando até o chão. Peguei o aparelho e avancei a pequena distância até o próximo carro. Quando eu finalmente cheguei na janela para fazer meu pedido, minhas mãos chacoalhavam. A barista inclinou-se pela janela e perguntou amavelmente:

— Uau, está tudo bem contigo?

— Não sei ao certo, mas creio que devemos ensiná-lo uma lição. - Percebi que ela gostou da ideia pelo sorriso no seu rosto.

— O que deveríamos fazer? - ela perguntou, animada.

— Vou pagar o café dele - respondi - e ensiná-lo uma lição sobre graça.

Ela fitava meus olhos surpresa; então uma luz se acendeu:

— Ótima ideia.

Paguei a conta dele, o valor era pequeno, acenei adeus para a minha cúmplice e parti.

Eu penso naquele homem frequentemente. Prefiro crer que minha ação contraintuitiva se tornou parte de uma semente de mudança na vida dele. No livro de Zacarias, Deus nos instrui a declarar graça para a montanha, que será reduzida a nada. Liberamos o poder de Deus sobre as nossas circunstâncias quando somos amáveis e graciosos. Talvez a ira daquele homem se desfez diante dessa gentileza. Nunca saberei. Mas eu sei que sua ira não me afetou, e isso foi poderoso o suficiente.

———————

Depois de arrumar minha cama de manhã, preparo meu café.

Meço cuidadosamente o pó, com aroma delicioso, guardado dentro do recipiente de vidro que comprei em uma feira de pulgas. Enquanto o café passa, seleciono uma bela xícara da nossa coleção e adiciono um pouco de fruta-do-monge, com um som granuloso e agradável. Meu primeiro gole sempre traz um sorriso ao meu rosto. E uma delícia absoluta por apenas alguns centavos.

Jesus veio para nos dar vida abundante. Ele tem prazer nas pequenas alegrias, até nas tarefas comuns. Durante Seu tempo na Terra, Ele jantava com as pessoas em suas casas, preparava café da manhã próximo ao fogo aconchegante para Seus discípulos e andava pelas estradas interioranas, ensinan-do-os Seus caminhos.

Em contrapartida, o mal, em sua natureza, tem como objetivo nos sobrecarregar. O inimigo procura afogar a vida interior dos lindos filhos de Deus. Ele nos faz acreditar que somos imprestáveis, a não ser que conquistemos algo sensa-cional. Outra tática é instigar tanto medo ao ponto de nos impedir de começar algo novo.

Na próxima vez que sentir-se sobrecarregado e tentado a aceitar a mentira de que nada do que você faz tem impor-tância, e que seu dia está destinado ao fracasso antes mesmo de começar, dê um pequeno passo. Lembre-se do poder das pequenas coisas e do prazer que Deus tem nas ativi-dades comuns.

Abrace os pequenos passos. Não importa onde, quando ou como você começou; começar por si só já é o suficiente.

CAPÍTULO 7

ESCONDIDA N'ELE

Curando o luto

Eu cresci na África do Sul durante o *apartheid*, um tempo turbulento e diabólico na história desse país. Havia um parque adorável no sentido oposto à nossa casa onde meus amigos e eu gostávamos de brincar. As árvores frondosas e verdes, as flores cheirosas, os balanços e gangorras, preparavam um ambiente encantador para as famílias. Contudo, em algumas ocasiões, ele tornou-se um cenário de violência. Algumas vezes, protestos violentos estouraram ali, mas o motim foi dispersado quando eles ouviram as sirenes da polícia. Até depois, quando o parque parecia estar sereno novamente, adivinha quem não queria mais brincar ali?

Ninguém, isso sim.

————————

Sentei-me do lado oposto de uma mulher para escutá-la, enquanto ela compartilhava comigo a dor do seu casamento.

Seu marido tinha a tendência de gritar. Quando era desafiado, ele explodia ainda mais intensamente; se ela tentasse sair de perto, ele a instigava. Mais tarde, arrependido, ele pedia perdão e prometia não fazer mais aquilo. Quando ela naturalmente se afastava dele depois de seus acessos de ira, ele a acusava de ser rancorosa – uma situação sem saída.

Esta mulher cria erroneamente que, uma vez que a ira de seu esposo era verbal ao invés de física, ela não tinha o direito de estabelecer limites ou buscar ajuda para proteger-se. Ela percebia que cada vez mais de fechava e depois se questionava se sua reação era comum. Aquele parque da minha infância me veio à mente. Eu lhe disse:

— Imagine um lindo campo cheio de flores perfumadas com um riacho murmurante. Você gostaria de passear por ali?

— Sim – respondeu ela.

— E se eu te dissesse que um motim violento poderia se formar ali a qualquer momento? Se aquilo não fosse só uma possibilidade, mas uma certeza. Você ainda assim gostaria de caminhar ali?

— Não.

— Por que não?

— Porque eu não quero me ferir.

— Acontece da mesma forma com você – afirmei –, a ira do seu marido também é assim. Você não sabe o que será o gatilho ou quando isso poderá ocorrer, portanto você fica constantemente vigilante, mesmo quando as coisas parecem estar pacíficas. Claro, você não deseja reconectar com ele. Viver num ambiente de ira não é vida; essa não é a vida abundante que Jesus morreu para nos proporcionar, e você não precisa suportar essa situação.

Felizmente, ela buscou cuidado profissional.

A instabilidade emocional do pai de um outro amigo causou um profundo impacto em toda sua família. Quando seu pai chegava em casa do trabalho de bom humor, todos davam um suspiro de alívio. Quando ele chegava em casa irado, a família toda andava sobre cascas de ovos para evitar deixá-lo ainda mais irritado. Uma pessoa de influência estabelece o clima de sua casa. Até quando as coisas pareciam estar em paz novamente, meu amigo temia que a situação tomasse outras proporções. Agora, em sua fase adulta, ambientes barulhentos ainda o assustam e são um gatilho para ele.

É importante ressaltar: quem deseja viver num ambiente assim?

Ninguém, isso sim.

———————

Ambientes instáveis geram o medo e, finalmente, mecanismos inadequados de lidar com o estresse. Ainda me lembro do pânico circulando por todo meu corpo como um raio de trovão quando eu via o rosto do meu pai tensionar ou quando ele saltava de sua cadeira.

Com uma reação intensificada de luta-ou-fuga, tornei-me uma pessoa que evitava conflitos a qualquer custo, me escondendo como um avestruz e esperando a tempestade passar. Em outras situações, tornei-me uma pessoa agressiva nos conflitos. Mais tarde, passei a chamar essas minhas tendências de "engolir" e "explodir".

Quando nos sentimos inseguros para expressar nossos sentimentos, possivelmente iremos suprimi-los. Contudo, eles inevitavelmente encontrarão uma forma de se manifestarem. Amortecer nossa dor pode nos levar a ingestão excessiva de álcool, *overdose* de drogas, alimentação desenfreada, compras excessivas, comportamentos controladores e reações explosivas.

Imagine que isso seja como um campo de gelatina. Se

você pisar numa área, talvez você consiga achatá-la, mas ela vai se espalhar para outro lugar. A dor vai se manifestar. A única solução para alcançar a cura será encontrar a raiz do problema.

———

Depois de um ano casados, meu marido e eu convidamos nossos mentores, Larry e Devi Titus, para um jantar na nossa casa. Ted e eu estávamos enfrentando uma fase desafiadora. Ambos viemos de um passado doloroso, e enquanto entrelaçávamos nossa história, houve momentos quando as partes não se alinharam. Sabíamos que Deus havia nos unido, então por que tudo era tão difícil?

Larry e Devi nos convidaram à transparência. Durante o jantar, compartilhamos nossas histórias. Eu não escondi minha dor, assim como Teddy não ocultou sua confusão sobre as razões que o faziam se comportar daquele jeito. Larry corrigiu o Ted em uma área. Uma.

Devi então me exortou de tal forma que pareceu até o profeta Amós. Ela me disse que, independente de como eu me sentia, eu não tinha o direito de falar num tom desrespeitoso com o Teddy. Enquanto eu pensava que a mudança começava nos outros, ela me contou, em muitas palavras, que a mudança começava comigo. Ela falou de forma gentil, porém firme. Não estava acostumada a ser confrontada de forma tão direta, e isso chamou a minha atenção.

Assim começou minha jornada de responsabilidade pessoal para curar e lidar com os traços de caráter falho que eu tinha. Naquela noite, em meio a lágrimas, reconheci a verdade – que eu precisava amadurecer e parar de justificar minhas ações. Esperamos que uma criança tenha o comportamento infantil de tentar revidar, querendo pagar os outros com a mesma moeda. Agia desrespeitosamente quando me sentia ferida pelo meu esposo. Era assim que lidava como uma criança com a única arma que eu tinha. Ainda que o menosprezo tenha sido melhor que a violência com a qual eu cresci, não era correto agir assim. Deixar de lado meu valor central de bondade sempre que eu perdia o respeito por alguém era uma posição de muita fraqueza de caráter.

———————

Na manhã após o nosso encontro, chamei a Devi ao telefone. Ela atendeu imediatamente e foi incrivelmente amável. Até aquele momento em que ela me exortou, eu nunca soube que eu podia viver uma vida de poder, independente de tudo que havia acontecido comigo. Nunca me esquecerei de suas palavras. Ela citou o Salmo 30, verso 5: "O choro pode persistir uma noite, mas de manhã irrompe a alegria".

Com o tempo, o Ted foi curado de sua depressão através de cuidados médicos, e eu recebi terapia pelas minhas feridas. Nosso casamento se fortaleceu. Recentemente, enquanto estava sentada à minha escrivaninha, senti que ele me observava do canto do olho.

— Sim? – Perguntei, olhando para ele do meu lugar. Seus olhos estavam cheios de lágrimas.

— Obrigado – ele disse.

— Obrigado por quê, amorzinho?

— Quando a Devi te corrigiu, a culpa não era toda sua. Naquele tempo eu não sabia disso. Mas quando você mudou, isso me forçou a examinar e confrontar o meu comportamento. Você nunca voltou atrás. Sou tão grato por isso.

A mudança na qual ele se referia, começou quando eu me responsabilizei pelo meu comportamento. Trabalhei duro em eliminar algo que não servia mais para a pessoa que eu desejava me tornar. Em meio ao processo, aprendi algumas verdades poderosas sobra a ira:

Está tudo bem ficar irada.

Está tudo bem expressar meus sentimentos, firme e respeitosamente.

Está tudo bem pausar um pouco, quando me sentir descontrolada.

Escolhi ser gentil durante os conflitos. Comecei a confrontar as situações de formas que beneficiaram os outros enquanto eu honrava meus princípios. Meu passado não ditava mais meu presente. Amadureci.

Somos responsáveis por tratar bem as pessoas que amamos.

Somente depois que nos acalmamos e interrompemos os acessos de ira, é que conseguimos silenciar a alma o suficiente para reconhecer o que está por detrás da raiva – uma dor profunda e delicada, marcada pelo luto.

———————

Quando encarei o luto pela primeira vez, comecei a entender por que ele buscava chamar minha atenção através da minha ira. Eu mal podia acreditar que o meu luto, tão puro, frágil e vulnerável, tinha sobrevivido disfarçado por tanto tempo. A sensação foi de ter encontrado uma criança solitária escondida pelo canto. Fiquei com aquela criança por um longo tempo, ouvindo suas histórias de abandono e chorando por ela, por sua – pela nossa – infância perdida. Chorei por meses.

Perguntei para Jesus: "Onde você estava? Por que permitiu que todas aquelas coisas acontecessem? Por que você não veio ao meu resgate?" Sempre com muita delicadeza, Ele me relembrava do meu incidente com a jarra de azeitonas.

Enquanto abria a jarra, o vidro embaixo da tampa se estilhaçou repentinamente, lacerando a ponta do meu dedo. Não vou entrar em detalhes, mas doeu muito. Até depois de ter sarado, o tecido da cicatriz me incomodava. Eu pensava nisso

98

todos os dias. Uma parte tão pequena, e mesmo assim todo o meu corpo estava ciente disso.

Jesus me fez lembrar do apóstolo Paulo. Antes de sua conversão, ele buscava aniquilar os cristãos. Com a permissão das autoridades para aprisionar ou assassinar os seguidores de Cristo, ele os perseguia até Damasco. Ao aproximar-se da cidade, uma forte luz ofuscante vinda do céu o interrompeu. Jesus postou-se entre Paulo e suas vítimas, dizendo, "Saulo, Saulo, por que me persegues"? (Atos 9:4).

Paulo relata depois que nós somos o corpo de Cristo. Creio que esta consciência estava enraizada neste encontro que eles tiveram. Jesus sabe de tudo o que acontece com o Seu corpo. Quando Paulo perseguiu os filhos de Deus, ele perseguiu Jesus. Mesmo se você se sente insignificante, como se fosse somente "a pontinha de um dedo", por assim dizer, você não é insignificante para Ele.

Quando sentimos algo, Ele também sente. O que acontece conosco, acontece com Jesus.

Durante nosso breve tempo na Terra, Deus é invisível para nós. Mas nunca deixamos de fazer parte de Seu corpo. Devido ao sacrifício do Seu filho, estamos protegidos dentro do Seu coração; com isso, nós nos tornamos seu corpo, e Ele tem total consciência de tudo o que acontece conosco. Afinal, Deus nomeou Seu filho de Emanuel, que significa Deus conosco.

Eu entendi isso melhor depois que me tornei mãe. As enfermeiras me entregaram aquele meu pequeno pacote, e eu instantaneamente a protegi em meus braços. Devia ter descansado no hospital antes de tê-la levado para casa, mas como poderia descansar? Estava na função em tempo integral de admirá-la.

Eu acariciava suas bochechas noite adentro, segurava suas mãos no berço do hospital, beijava sua cabeça cabeluda, e dizia repetidamente para ela: — Eu te amo, eu te amo, eu te amo. Conforme ela crescia, meu coração se partia com cada dodói, quer fosse por um tombo ou por um coração partido.

Eu já ouvi o seguinte ditado: "Ter filho é como ver seu coração andar fora do seu corpo". Há muita verdade nessas palavras.

Eu queria conseguir entender por que Jesus esperou que muitas pessoas fossem jogadas na prisão e mortas, para só depois intervir contra Paulo. Eu queria entender por que Ele esperou tanto tempo para me resgatar. Ou te resgatar. E mesmo que eu não tenha a resposta para essas perguntas dolorosas, estou certa do seguinte: Jesus sentiu tudo isso, Ele viu, e Ele há de restaurar todo o erro que foi cometido contra você, filho amado de Deus.

Porque você pode não ser o coração d'Ele andando fora de Seu corpo, mas você está protegido dentro desse corpo por toda a eternidade.

PARTE TRÊS

CRESCENDO A PARTIR DE SUA HISTÓRIA

CAPÍTULO 8

EQUIPE LATRINA

Curando a amargura

Eu citei que trabalhei num lindo *resort* onde a clientela tinha altas expectativas. Suprir suas demandas elevadas requeria muito esforço. Tinha vezes que, ao final de um longo dia, eu me apoiava na porta do escritório do meu colega para reclamar.

Uma certa noite, depois de ouvir mais uma das minhas reclamações, ele me disse calmamente: — Amarga, mesa para um? – Esse comentário arrancou de nós muitas risadas e se tornou uma piada frequente entre nós dois.

A verdade é que, ninguém quer se cercar de pessoas amargas. Mais cedo ou mais tarde, essas pessoas sentam-se sozinhas para comer.

Nunca me esquecerei do dia em que meu sobrinho, somente um menino de 2 ou 3 anos naquela época, encontrou seu primeiro limão. Ele observou atentamente enquanto minha irmã colocou aquelas irresistíveis rodelas amarelas de limão siciliano sobre um prato. Antes que pudéssemos impedi-lo, ele agarrou uma rodela e a enfiou dentro de sua boca. Seu corpo inteiro tremeu, e ele apertou seus lábios. Rapidamente, ele tomou aquela fruta infratora em seu punho rechonchudo e a encarou, confuso.

Para a nossa surpresa, ele deu mais uma lambida como se fosse para tirar a teima. Certamente, ainda estava amarga. Depois da segunda rodada, com os mesmos resultados, seu experimento com aquele alimento chegou ao fim de uma vez por todas.

Pessoas e situações amargas são dessa forma também. Quando as encontramos, recuamos surpreendidos ou tentamos digerir o que acabou de acontecer.

Num domingo após o culto da igreja, Ted reconheceu seu amigo na longa fila de carros saindo do estacionamento e correu para cumprimentá-lo. O amigo estava muito contente, mas o casal logo atrás dele, não. O homem apertou sua buzina para expressar sua frustração pela breve inconveniência. Mal pude acreditar no que testemunhei; tínhamos acabado de sair da igreja, francamente. Suas feições estavam tão azedas, lembro-me delas até hoje.

Esses "limões vivos" encontram problemas em todos ao seu redor, e aparentemente estão alheios a si mesmos. No mínimo, eles são azedos e irritantes. Nos seus piores momentos, como estamos prestes a descobrir, eles conseguem arruinar nossos sonhos.

Existe uma mulher na Bíblia chamada Noemi. Seu nome significa agradável e gentil. Ela se mudou – juntamente com o esposo, Elimeleque, e seus dois filhos – de Jerusalém até Moabe, buscando socorro em meio a uma grande fome.

Enquanto estavam lá, seus filhos casaram-se com duas gentias, Rute e Orfa. Numa virada trágica dos eventos, seu esposo e seus dois filhos faleceram, deixando as três mulheres desamparadas. Ao saber que a fome havia chegado ao fim, Noemi decidiu mudar de volta para sua terra natal. A Bíblia nos relata que quando as mulheres em sua cidade, Belém, vieram cumprimentá-la, ela respondeu: "'Não me chamem Noemi, melhor que me chamem de Mara,

pois o Todo-poderoso tornou minha vida muito amarga'!" (Rute 1:20).

Sua referência a Mara, um oásis no meio do deserto, seria reconhecida facilmente por suas amigas. Ao fugirem da escravidão no Egito, os israelitas tentaram tomar a água daquele oásis, mas viram que sua água era amarga, resultando nesse nome.

Veja que essa é a questão principal sobre a amargura. Os israelitas não sabiam, só de observar a água, que ela era amarga. Eles tinham que provar dela. Em um determinado momento, todos sentiremos o gosto da amargura; não significa que tenhamos feito algo de errado.

A chave aqui é não engolir essa água.

Se o fizermos, a Bíblia nos conta que isso se tornará uma raiz fixa em nossa alma, gerando frutos amargos.

Para fazer com que aquela água fosse doce, Moisés atirou uma vara dentro dela. Através deste ato de fé, Deus mudou as propriedades da água e os curou. A fé é a nossa chave. Devemos definir as coisas cuidadosamente, com uma perspectiva de fé a longo prazo, ao invés de nos basearmos em sentimentos momentâneos.

Não sei ao certo quando que as sementes ácidas se enraizaram em Noemi, ou Mara, pela primeira vez, mas sua história nos oferece algumas pistas. Anos antes, ela deu aos seus filhos os nomes Malom e Quiliom, que significam, respectivamente, frágil e debilitado. Talvez ela tenha tido um parto difícil e atribuiu essa experiência aos filhos. Nunca saberemos. Mas quando a Bíblia nos conta que eles morreram, seria de se surpreender? Eles viveram para cumprir o significado desses terríveis nomes.

Ninguém pode culpar Noemi pelo luto que ela sofreu com a perda deles. Contudo, ela permitiu que isso definisse quem ela era, ao ponto de fazê-la mudar de nome completamente.

Já ouvi pessoas que suportaram fases problemáticas expressarem que elas sentem ódio por sua vida, a vida que Jesus morreu para resgatar. Quem me dera elas entendessem quantos danos essas palavras trazem para sua alma e para as pessoas que as amam. Talvez, se elas entendessem, elas escolheriam suas palavras mais sabiamente.

Com dezoito semanas de gravidez, durante uma ultrasso-nografia de rotina para saber o sexo do nosso bebê, o médico me informou sobre uma condição que as vezes resulta em deformidades congênitas e me aconselhou a considerar outras opções.

Naquele dia, Ted e eu nomeamos nossa filha Zoe; esse nome é de origem grega e quer dizer "vida". Cinco meses depois, nossa filha nasceu sem nenhuma complicação. Mas nós já havíamos decidido abençoá-la com um nome gerador de vida, independente do resultado que tivéssemos. Os nomes são tão importantes. Devemos designar o bem para aqueles a quem amamos, inclusive para as fases que encaramos.

Provérbios 18:21 nos diz que o poder da vida e da morte reside na nossa língua. Isso não é um processo baseado numa filosofia onde simplesmente "tomamos posse". Isso é sabedoria.

Conforme Noemi se preparava para retornar para sua casa, suas noras Rute e Orfa imploraram que lhes deixassem acompanhá-la até lá, mas ela recusou seus pedidos, repetidamente:

"e lhe disseram: 'Não! Voltaremos com você para junto de seu povo!' Disse, porém, Noemi: 'Voltem, minhas filhas! Por que viriam comigo? Poderia eu ainda ter filhos, que viessem a ser seus maridos? Voltem, minhas filhas! Vão! Estou velha demais para ter outro marido. E mesmo que eu pensasse que ainda há esperança para mim – ainda que eu me casasse esta noite e depois desse à luz filhos, iriam vocês esperar até que eles crescessem? Ficariam sem se casar à espera deles? De jeito nenhum, minhas filhas! Para mim é mais amargo do que para vocês, pois a mão do Senhor voltou-se contra mim!'" (Rute 1:10-13).

Apesar de Rute e Orfa também terem passado pela perda, Noemi não as ofereceu conforto. Suas palavras foram cheias de desesperança e, até ouso dizer, sarcasmo.

Eu entendo a tristeza de Noemi. Verdadeiramente. Contudo, essa querida mulher enfrentava um problema de longa data. Assim como ela havia dado aos seus filhos nomes desprovidos de fé, ela falava com incredulidade sobre o seu futuro. Noemi sucumbiu à autocomiseração. Ela colocou um ponto final em sua história, onde o próprio Deus havia colocado uma vírgula.

A fala de Noemi sobre sua luta oferece um ponto de partida valioso para a nossa reflexão. Precisamos examinar se porventura permitimos que uma raiz de amargura tenha tomado conta de nossos corações, ao considerar as seguintes questões:

- Que palavras eu uso para nomear as situações e as pessoas em minha vida?

- Será que carrego em mim crenças de que fui destinada a uma vida de desesperança?
- Eu duvido que um dia haja mudanças para minhas circunstâncias?
- Eu afasto as pessoas para longe de mim?
- Eu reclamo, usando palavras sarcásticas?
- Acredito que Deus tenha se voltado contra mim?
- Estou verdadeiramente buscando encontrar respostas ou estou só reclamando?
- Eu culpo outras pessoas pelo rumo que a minha vida tomou?

Podemos identificar facilmente um amigo ou parente que carrega em si esses traços. Mas será que conseguimos enxergá-los em nós mesmos? Esta e uma questão importante a se ponderar.

A nora de Noemi, Orfa, cujo nome significa corça, implorou para prosseguir. Talvez ela tenha ouvido Noemi falar sobre Jerusalém e o Deus que Noemi adorava, e desejava visitar sua terra natal. Talvez ela simplesmente buscasse por um recomeço. Mas a uma certa altura, a corça voltou atrás. Ela beijou sua sogra, se despediu dela e partiu.

Alguma vez você já sentiu uma ânsia por novas experiências? Pode ser que você compartilhou seus anseios com certas pessoas, só para ser alvo da negatividade delas. A resposta que elas lhes deram fez com que você voltasse atrás e enterrasse seu sonho? A amargura arruinou o desejo de Orfa, e nunca mais ouviu-se falar dela.

Porém, Noemi não contava com Rute.

Em algumas cerimônias de casamento, pude presenciar

a resposta de Rute a Noemi sendo recitada. Apesar de não poder comprovar, creio que Rute se impôs e expressou as seguintes palavras veementemente. Na minha mente, essa cena se desenrola de forma muito parecida a um episódio de *The Chosen* (Os Escolhidos, tradução livre). Consigo até ver as lágrimas escorrendo pelo seu rosto enquanto ela declara:

> *Não insistas comigo que te deixe e que não mais te acompanhe. Aonde fores irei, onde ficares ficarei! O teu povo será o meu povo e o teu Deus será o meu Deus! Onde morreres morrerei, e ali serei sepultada. Que o Senhor me castigue com todo o rigor, se outra coisa que não a morte me separar de ti!" (Rute 1:16-17).*

Sua resposta calou Noemi, e aqui está o porquê. Primeiro, Rute estabeleceu um limite, ao dizê-la *o que não fazer*: "Não insistas comigo que te deixe..."

Segundo ela declarou o que ela, Rute, faria, transmitindo seus planos em uma sequência bem pensada de declarações no tempo futuro.

Terceiro, ela estabeleceu uma prestação de contas diretamente a Deus, tirando a responsabilidade sobre esse assunto das mãos de Noemi.

Rute não tinha mais perspectiva de vida em Moabe. Ela enterrou seu esposo e escolheu o Deus de sua sogra. Sua nova vida lhe aguardava em Jerusalém, e ponto final. Pela fé, ela viu o futuro e se moveu em direção a ele.

Deus já te fez alguma promessa? Prenda-se a ela. Somente Ele sabe o futuro. A fé de Rute trouxe uma grande recompensa, que descobriremos no próximo capítulo. Ela se fortaleceu para superar seu passado cheio de dores, confiando em Deus por algo maior.

———

Conversei com uma mulher que parecia ter sobrevivido a um atropelamento após deparar-se com uma pessoa amarga. Ela não conseguia entender por que toda esperança parecia perdida e seus sonhos estavam despedaçados. Ela parecia uma corça indefesa, pronta para fugir. Eu contei a ela esta história.

Durante meus anos de faculdade, trabalhei em um acampamento infantil, e minha colega de trabalho não gostava de mim. Embora eu não pudesse mudar isso, ela tinha que passar o verão inteiro comigo. O acampamento terminava com uma excursão de três dias de canoa. Durante uma reunião geral com todos os presentes, os monitores receberam suas tarefas para a viagem.

Minha colega descobriu que meu amigo e eu havíamos sido designados para a pior tarefa de todas: cavar os sanitários no chão. Ela se recostou satisfeita pronta para observar nossa reação. Porém, antes do anúncio oficial, ela cometeu o erro de contar para um dos campistas, que correu para me avisar. Graças ao alerta, tivemos tempo para nos preparar.

Num golpe de gênio, decidimos mudar a narrativa. Quando anunciaram a tarefa de limpar o banheiro, as crianças nos olharam preocupadas, mas nós pulamos das cadeiras, gritando: "Sim! Equipe Latrina! Quem está com a gente?" Os campistas se apressaram para participar. Muitos davam toques de celebração.

Talvez você me chame de encrenqueira, mas não paramos por aí.

Criamos a bandeira do destino – uma pá com um longo pedaço de papel higiênico amarrado na alça, que esvoaçava ao vento. A cada parada, liderávamos uma brigada até o topo de uma colina, levando nossa bandeira e cantando irritantemente enquanto cavávamos o buraco no chão que serviria de latrina. Chegaram relatos de que minha colega fervia de raiva. Eu sei, foi vergonhoso para mim ter me divertido com as peripécias que causei, mas, por mais boba que seja, a história ensina uma lição valiosa.

Por motivos que só ela sabe, minha colega engoliu o veneno da amargura. Isso estragou o verão dela, mas não o meu. Eu deveria ter agradecido por ela ter me ensinado uma lição preciosa. Provavelmente, teria desanimado se não tivesse sido avisada. Em vez disso, minha reação positiva foi contagiante, mesmo que eu tenha feito aquilo só para que ela não ficasse por cima nessa situação.

Aqui está a verdade: a amargura é uma inimiga, mas isso não significa que ela tenha que vencer você. Você ainda tem o poder de criar uma reação positiva e reescrever sua história. É possível manter vivo seu sonho, mesmo que ele seja aproveitar os últimos dias do verão com um grupo de crianças divertidas e adoráveis.

Rute se conectou a Deus e, contra todas as probabilidades, transformou sua vida. Ela recuperou seu poder, não impondo-o sobre os outros, mas capacitando a si mesma. Para usar um ditado, ela pegou os limões, adicionou doçura e fez uma limonada.

Algumas pessoas gostam de nos ver para baixo. Elas se reclinam para assistir ao show. E se você escolhesse uma resposta diferente da que elas esperam? Não por despeito, mas por um propósito maior? Tente uma nova tática: pegue uma pá, faça uma bandeira, suba sua colina e espalhe alegria. Sua alegria será contagiante.

———————

Quando minha amiga ouviu minha história do acampamento, ela sorriu em meio as lágrimas. Embora tivesse se surpreendido ao encontrar negatividade numa pessoa que amava, sentiu-se fortalecida ao saber que tinha autoridade para ditar sua reação. Além disso, quem a feriu estava passando por uma perda e não estava vivendo sua melhor versão. Precisamos estar preparados para conceder graça às pessoas.

Conversamos sobre maneiras de ela aplicar a fórmula de Rute: criar limites com amor, decidir o que queria e deixar o resto nas mãos de Deus. No dia seguinte, recebi uma mensagem de texto: "Saí do nosso encontro com a cabeça um pouco mais erguida." Gostei disso. Andar de cabeça erguida. Do meu ponto de vista, temos três escolhas ao nos depararmos com a amargura:

1. Como Noemi, podemos engoli-la e produzir seu fruto.
2. Como a corça, podemos abandonar nossos desejos, sem deixar um legado conhecido.
3. Como Rute, podemos ficar firmes com amor e avançar rumo à nossa promessa.

Eu sei qual vou escolher. Tem algo a ver com Rute... misturado com um toque atrevido da Equipe Latrina.

CAPÍTULO 9

QUE SEUS OLHOS PAIREM SOBRE ESTE CAMPO

Curando a comparação

E u procurava uma casa de preço acessível, e uma casa nova, na planta, não era uma opção, devido ao nosso orçamento apertado e os preços imobiliários elevados na Califórnia. Isso significava que eu tinha que encontrar uma casa mais velha e comprá-la por um baixo preço, o suficiente para economizar o valor que seria destinado às reformas. Levou um certo tempo, mas eventualmente, encontramos nossa casa e, obviamente, ela precisaria de muitas reformas.

Por motivos que desconheço, a porta de entrada tinha uma cor peculiar de rosa e estava toda descascada. Do lado de dentro, a situação não estava muito melhor. Um mural bem esquisito de duas mãos interligadas decorava a parede do lavabo, certamente o alvo de muitas conversas, e tons aleatórios de verde e marrom adornavam as paredes. O balcão da cozinha assemelhava-se ao de um boteco, onde os mosquitos voavam livremente em seu hábitat natural. O quintal era uma mistura estranha entre um brejo e um deserto.

— Queremos essa aqui! – Eu disse ao meu agente imobiliário e amigo de longa data.

— Sabia que você escolheria essa. – Ele sorriu.

Levamos nossa filhinha para ver a casa e sua feição caiu. Ela ficou arrasada quando ficou sabendo dos meus planos de eliminar o hábitat dos mosquitos. Foi a única coisa que chamou a atenção dela, pois nossa casa parecia mais uma floresta.

— Minha querida – eu disse –, confie na mamãe. Você verá.

No fim de tudo, conseguimos um preço tão bom na casa que tive dinheiro suficiente para arrancar todo o carpete, colocar um piso novo, e remover o balcão de boteco. Pintamos todas as paredes de um branco creme. Os paisagistas limparam o jardim e colocaram pequenas pedras decorativas, até que tivéssemos os meios para fazer algo mais. Meus amigos acharam que parecia um pátio ao estilo francês, bem charmoso.

Antes que percebêssemos, o dia da nossa mudança chegou. Visto que a equipe da reforma ainda trabalhava na cozinha, montei um *buffet* na sala de jantar, como se fosse um hotel, para a Zoe escolher o cereal que ela quisesse pela manhã. Ela amou a ideia.

Anos depois, ela escreveu uma redação da escola sobre essa aventura. Ela descreveu ter se maravilhado pela transformação. Quando ela viu a casa novinha em folha e o seu quarto novo e aconchegante, ele se tornou seu lugar favorito.

Como ela poderia, ainda criança, ter enxergado o que eu enxerguei? Debaixo da tinta e os reparos, havia um diamante para ser lapidado.

No capítulo que falo sobre a amargura, encontramos uma mulher chamada Rute numa encruzilhada. Ao dar o primeiro passo em direção a um futuro incerto junto com sua sogra Noemi, ela abandona sua antiga vida e tudo que lhe era familiar, para começar de novo. As duas mulheres chegam em Belém na primavera, durante a época da colheita de cevada.

Sob a bênção de Noemi, Rute começou a percorrer os campos buscando por alimento. A lei judaica estabelecia que os servos que colhiam deveriam deixar uma porção de grãos nos cantos do campo, provendo sustento para os pobres e estrangeiros. Por coincidência, ela foi colher no campo de um parente de Noemi, chamado Boaz.

Ao observar a Rute de uma certa distância, Boaz indagou acerca dela. Seus servos contaram mais detalhes sobre ela e seu trabalho árduo. Boaz se aproxima então de Rute, e depois de aconselhá-la a aproximar-se das outras mulheres que segavam, ele disse: "Os teus olhos *estarão atentos* no campo que segarem, e irás após elas;" (Rute 2:9).

Assim como a história da nossa casa, o campo em questão provavelmente não parecia ser muito promissor inicialmente. Imagine fileiras intermináveis de cevada se estendendo sob o sol escaldante. Assim como o trigo, a cevada tem ramos pontudos que podem fazer pequenos cortes na pele, sem contar o trabalho exaustivo por ter que dobrar-se para colhê-los. Além disso, imagino que ela deva ter se deparado com um ou outro roedor. Eca.

Mas a provisão divina tinha trazido Rute até ali, e Boaz queria abençoar Rute ainda mais. Ele prometeu proteção dos seus servos e água de seus jarros. Os campos se tornaram um lugar seguro.

Eu tive uma tia maravilhosa e gentil. Quando visitava sua casa, meu lugar seguro, ela criava um mundo mágico para mim, contando contos de fadas enquanto me alimentava com pilhas e mais pilhas de torradas com geleia. Eu sempre quis entender como ela podia ser uma pessoa tão cheia de alegria e amor.

Anos depois, ela ficou hospedada na minha casa, e tive a bênção de servi-la. Quando preparei para ela uma xícara de chá, somente uma, ela me agradeceu como se eu tivesse depositado um milhão de dólares em sua conta bancária. Quando eu a cobri com uma manta, ela tocou minha mão e me disse:

— Muito obrigada minha sobrinha querida.

Naqueles momentos, descobri o segredo de sua alegria. A gratidão. Seu coração grato fez com que desejasse dar a ela o mundo inteiro.

Quando Rute ouviu a promessa de Boaz, de protegê-la e prove-la com água – dois favores muito simples –, ela dobrou-se aos seus pés. Como minha tia, Rute possuía um coração grato. Todos os gestos, por menores que fossem, inspiravam sua gratidão.

Certamente que isso moveu o coração de Boaz a ir mais além. Será que ele queria oferecer a Rute o mundo inteiro? Talvez sim, porque quando ela menos esperava, ele já a convidou para almoçar e ordenou aos servos que deixassem ainda mais cevada para ela colher.

Naquela noite, a Rute retornou para casa para encontrar-se com Noemi, que reconheceu com sabedoria o favor sobre Rute. Noemi não disse nada e aguardou até que aquele homem tão ocupado encerrasse sua estação de colheita, para que finalmente ela pudesse conectar os dois pombinhos.

Parece-me que a nossa querida Noemi se ergueu de sua estação de amargura. Sabemos disso porque ela começou a cuidar de sua nora e de seu bem-estar. Ela deixou de ser egocêntrica, e disse a Rute como comunicar suas intenções a Boaz, e que ela deveria deitar-se aos seus pés enquanto ele dormia. Quando Boaz despertou, ele a elogiou por sua atitude e a enviou de volta para sua casa.

Naquele mesmo dia, Boaz fez planos de casar-se com Rute. Eventualmente, eles tiveram um filho chamado Obed, que foi o avô do rei Davi, parte da genealogia de Jesus. O resultado final é que o campo de Rute tinha muito mais a oferecer além da cevada. Ali continha:

Seu marido.

Proteção.

Provisão.

Herança.

Um filho amado.

Um papel na história redentora de Cristo.

Isso sim era um diamante a ser lapidado. Sou muito grata por Rute não ter comparado seu campo com outro campo mais promissor. Ela teria colocado tudo a perder.

———————

Certamente você alguma vez já ouviu a seguinte frase: "A comparação é o ladrão da alegria". Por mais tentador que seja deixar nossos olhos pairarem sobre a vida ou as posses de outra pessoa, devemos perceber que a grama nem sempre é mais verde. Não sabemos o que se passa dentro das quatro paredes. A insegurança gerada pela comparação fere, a nós mesmos e os nossos relacionamentos.

A autora e palestrante Shawna Marie Bryant conta uma história sobre isso em seu livro, *Longing to Belong* (O desejo de pertencer, tradução livre). Depois de posar para uma foto promocional com vários outros palestrantes, inclusive eu, para um futuro evento, ela se ausentou do grupo enquanto conversávamos umas com as outras. Foi então que a encontrei e perguntei se ela estava se sentindo bem.

— Na verdade, não – ela respondeu. — É que eu olho para todas essas mulheres lindas e me sinto feia, gorda e velha.

— Ah, murmurei, uma visita de um OVNI.

— O quê? – ela perguntou, franzindo a testa.

— OVNI: "Ogra", "Volumosa", "Nada jovem".

Apesar de estar se sentindo péssima, ela riu. Então garanti que, até onde eu sei, OVNIs não existem – e essa mentira que ela acreditava também não. Em seguida, comecei a listar todas as qualidades incríveis que ela tem.

A parte terrível é: e se ela não tivesse me contado a verdade? Isso poderia ter interferido com todos os seus relacionamentos, resultando em seu isolamento da comunidade, possivelmente até fazendo-a desistir da sua vocação como preletora. Fico imaginando quantas coisas boas foram desperdiçadas por causa disso. Fico feliz que minha amiga compartilhou humildemente o que estava em seu coração.

———————

Quando criança, não tínhamos muita fartura, mas tínhamos um teto sobre nossas cabeças e três refeições por dia. As roupas que eu usava ou vinham através de doação, ou minha mãe as costurava. Apesar de Papai trabalhar duro, não conseguimos custear meus estudos na universidade. Então, através de um presente indescritível, um benfeitor generoso me deu uma bolsa para eu frequentar uma escola no Texas.

Sentia-me o ser humano mais abençoado do planeta. Cheguei a pensar que o meu cálice não poderia transbordar ainda mais até que eu conheci os texanos, e concluí que poderia, sim! Todos eles eram muito carinhosos e amigáveis. E, fiquei sabendo mais tarde, muito ricos.

Minhas amigas me levavam para passear em carros novos em folha e passar o dia nas mansões de seus pais. Elas lançavam suas roupas lindas sobre o chão do dormitório universitário, roupas que me levariam meses para eu poder comprar. Bolsas de marca famosas penduravam sobre seus braços. Enquanto isso, eu não sabia nem que bolsas de estilistas famosos existiam. Alguns poucos meses depois de começar a universidade, o cálice que eu senti que transbordava parecia repentinamente vazio. Minhas amigas bondosas nunca me menosprezaram; a luta que eu atravessava era só minha. Admirava suas lindas roupas, e então examinava meu armário vazio. Não sentia inveja; isso nunca foi uma dificuldade para mim. Ao invés disso, eu sentia vergonha.

No jogo da comparação, nós perdemos ou vencemos. Não existe meio termo.

É possível sentir uma coisa ou outra: a vergonha por aquilo que você não tem, ou o orgulho por aquilo que você tem. Se estamos sendo honestos, provavelmente já sentimos os dois.

Houve dias que eu levava o tempo necessário para ajeitar meu cabelo e maquiagem, e entrava no carro me sentindo bem bonita. Então, eu chegava ao meu destino para ver uma outra mulher com uma beleza natural estonteante que havia acabado de rolar da cama com toda sua perfeição. "Bem bonita" era lançada janela afora.

Estamos em maus lençóis se nossa régua de medida se baseia em traços temporários como a aparência. Deus não deseja que Seus filhos persigam coisas ou relacionamentos que não foram direcionados para eles, e Ele certamente nunca desejou que sentíssemos vergonha.

Lembra-se da primeira coisa que Adão e Eva fizeram no jardim depois que eles pecaram em Genesis 3? Impulsionados pela vergonha, eles coseram para si vestimentas feitas de folhas de figueiras e se esconderam. Aquelas vestimentas inadequadas nunca seriam suficientes, portanto, Deus matou um animal e os cobriu com a pele dele. Este foi o primeiro sinal da cobertura por aspersão de sangue que viria depois.

E se eles tivessem – e se eu tivesse – escolhido falar com Deus ao invés de se esconder de vergonha? Assim como a Eva, e contrário a Rute, eu comecei a me focar naquilo que eu *não* tinha ao invés de me concentrar no que tinha. Impulsionada pelo medo da escassez, persegui o materialismo e me perdi em outros campos que Deus nunca planejou para mim. Por algum tempo, fiquei perdida.

Quando eu finalmente reconheci meu erro, pedi a Deus que me perdoasse e me restaurasse. Fiz uma oração perigosa: "Querido Deus, eu só quero aquilo que o Senhor tem para mim, mesmo se nada mais permanecer, custe-me o que custar".

Em Sua misericórdia, o Deus da segunda chance me respondeu. Deus removeu tudo. Nada permaneceu na vida que eu havia construído para mim desde a universidade. Apesar de toda a tristeza que senti, não me importei; finalmente, fui liberta. Usei o dinheiro que tinha para frequentar um seminário no sul da Califórnia em período integral.

———

Com novas prioridades, passava minhas manhãs sobre minha prancha de surfe e as tardes na sala de aula. Então, depois de três anos, senti Deus me dizer: "Seu marido está te observando. Quem sabe seria bom você se vestir um pouco melhor." Caí na risada. Ao olhar para meu moletom velho e surrado, não tive como discordar.

Sem que eu soubesse, Ted havia se apaixonado por mim durante nossa aula sobre o Evangelho de João. Eu não fazia ideia.

Enquanto eu focava no meu trabalho, ele focava em mim.

Depois que o ladrão da alegria foi arrancado da minha vida, a felicidade brotou — e foi isso que chamou a atenção dele. No dia em que resolvi me arrumar, ele me observou pela janela da sala de aula e decidiu que já tinha esperado tempo demais para me convidar para sair.

E o resto, como dizem por aí, é história.

———————

Depois que Rute agradeceu a Boaz por sua bondade, ela não resistiu e perguntou por quê.

Ele respondeu que sabia o que ela tinha feito: deixado sua terra, sido leal à sogra e confiado em Deus ao se mudar para um lugar totalmente desconhecido.

Ou seja, enquanto ela focava no trabalho, ele mantinha os olhos nela.

Eu sei bem o que é se distrair com as coisas deste mundo. Já lutei (e ainda luto) essa batalha. Estou falando de você, Instagram. Mas nunca me arrependi das vezes em que desviei meu olhar das distrações e foquei no que realmente importa para Jesus. Mesmo que o campo onde estamos pareça uma plantação de cevada ressecada pelo sol, no meio do nada – Deus certamente tem surpresas guardadas ali, preparadas para nós.

Quando deixamos de lado a comparação e corremos atrás das coisas de Deus, nas palavras de Boaz: "O Senhor retribua o teu feito, e seja completa a tua recompensa da parte do Senhor Deus de Israel, sob cujas asas vieste buscar refúgio" (Rute 2:12).

Deus nos observa, não para nos julgar, mas para nos recompensar. Mesmo que o campo de outra pessoa pareça mais bonito que o seu, podemos confiar no lugar onde Ele nos plantou. Encontre refúgio debaixo de Suas asas — é lá que você ouvirá os batimentos de Seu coração cheio de amor.

E *nada* neste mundo se compara a isso.

CAPÍTULO 10

PORTÕES ABERTOS, ALMAS FERIDAS

Curando os limites violados

Prezado leitor: Neste capítulo, não irei falar sobre abuso sexual, mas sim sobre como combater as mentiras que cremos como resultado disso.

Nossa casa sul-africana tinha duas entradas. Os conhecidos mais formais entravam pela porta da frente, que permanecia trancada, enquanto a entrada dos fundos tinha um portão de metal sem cadeado. Amigos e família sabiam que deviam usar a entrada dos fundos ao invés de usar a porta da frente, pois assim tinham total acesso à nossa casa.

Infelizmente, pessoas que se faziam de amigos da família também conseguiram passagem de entrada. Quando tentei contar a Mamãe o que aconteceu comigo nas mãos de um desses amigos disfarçados, ela minimizou as ações dele.

— Ah, isso é típico do Bill – ela disse.

Bill rapidamente concluiu que ninguém me protegeria, e eu enfrentei anos de lutas nas mãos dele, assim como já tinha enfrentado, vindo de muito outros. Meu escape aconteceu quando minha família fez as malas com nossos itens pessoais, colocou-as no vagão de um navio cargueiro e embarcamos para a América. Enquanto a minha versão de dez anos de idade estava grata por estar há milhas de distância do perigo, meu segredo me torturou durante anos.

Infelizmente, o portão para a nossa casa havia ficado desprotegido, em todos os sentidos, e a destruição entrou.

Num mundo ideal, os pais estabelecem limites saudáveis para protegerem suas famílias, ao invés de deixarem o portão aberto, dando abertura ao caos. As crianças são protegidas e ensinadas que ninguém tem o direito de feri-las.

Mas e se os nossos protetores abandonarem seus postos?

Ou, pior ainda, e se os pais forem os abusadores?

Pode ser que, como criança, você tentou estabelecer limites, mas enfrentou protestos do tipo: — Você é tão reservada; qual é o seu problema? Nós somos seus pais. – E assim por diante.

Essas mensagens podem ter apontado para a crença incorreta de que o nosso corpo pertence a outra pessoa. Além disso, quando se trata do tempo certo para revelar o abuso, algumas vítimas creem que elas não devem compartilhar nada, por medo de expor o abusador. Elas foram manipuladas a pensarem que elas devem proteger a reputação do seu abusador.

Prometi não discutir aqui neste livro nenhum detalhe acerca das violações sexuais que já sofri, e pretendo manter esta promessa. Contudo, as mentiras que surgiram a partir dessas violações devem ser confrontadas.

A verdade é que seu corpo pertence a você.

Não há nada de errado com você por desejar protegê-lo, nem por escolher compartilhar o trauma com as pessoas que podem ajudá-lo a se proteger.

Mesmo adulto, você não precisa sacrificar seu corpo para satisfazer alguém. O abuso é algo completamente anormal e não pode ser ignorado baseado em como isso aconteceu. Ele deve ser curado através do amor de Deus, dentro de uma comunidade segura, conforme você aprende a se honrar e a se proteger. Ninguém tem o direito de te pressionar e te convencer a fazer nada que não queira.

Seu corpo pertence a você somente; como tal, ele é um dom, e você escolhe de que maneira irá doá-lo, dentro de um relacionamento de aliança, amor e reciprocidade. Em 1 Coríntios 7:4 –um verso que algumas pessoas interpretam incorretamente –, somos encorajados a exercer satisfação mútua, *nunca* o domínio sobre o outro.

O amor verdadeiro honra, não pressiona, e nunca viola o outro. Aguarde; você não merece menos do que isso.

Jesus comparou Seus seguidores a ovelhas, e Se comparou ao pastor e à porta do aprisco de Deus. Graças a Jesus, que ofereceu Sua vida em sacrifício a nosso favor, temos total acesso a Deus. O portão está sempre aberto para as Suas ovelhas.

Jesus alertou que qualquer pessoa que entrar para o aprisco de qualquer outra forma é um ladrão e um salteador (João 10). Eles ignoram o portão. Acredite, quando as pessoas nos ferem no corpo e na alma, é porque elas desrespeitaram os limites de Deus em primeiro lugar.

Mulheres, particularmente, tendem a sentir que estabelecer limites não seja algo bíblico. Existem diversas situações na Bíblia que comprovam o **contrário**. Providenciarei uma. No Sermão da Montanha, encontrado em Mateus 5, Jesus afirma que se um homem sequer olhar para uma mulher, cobiçando-a em seu coração, ele já cometeu adultério. Isso protege os dois lados: a mulher é resguardada da vergonha da violação, e o homem é protegido do pecado. Os limites são profundos, e são ideia de Deus.

Uma certa amiga compartilhou comigo os detalhes acerca da traição do seu esposo. Uma vez que ela o confrontou sobre sua infidelidade, ele chorou desesperadamente, implorou que ela o deixasse ficar, e prometeu que mudaria seu comportamento. Contanto, apesar das promessas, ele não abandonou seu vício.

No momento da minha conversa com ela, o ciclo de abuso já havia passado por muitas versões: ela descobriu sua infidelidade; ele implorou aos prantos pelo perdão e prometeu ser fiel. Eles reconstruíram um relacionamento abalado, somente para ele quebrar sua confiança novamente. Ela chorou e recontou o alto preço que isso havia lhe custado, especialmente ao ter que velar a verdade do seu círculo de amigos e das crianças. Manter uma fachada sugou dela tudo o que ela tinha.

Nós duas demos as mãos e oramos.

Durante a oração, pude ver uma imagem de dois quintais separados por uma cerca de madeira. Um quintal estava todo enxarcado de água, enquanto o outro estava seco como um deserto. Apesar das duas casas terem mangueiras de água, uma delas havia sido arremessada sobre a cerca para o quintal vizinho, causando aquela enchente. Nenhum dos dois quintais receberam o que precisavam para manter um jardim saudável. Um recebia atenção demais, enquanto o outro não recebia nenhuma.

O quintal enxarcado representava o esposo daquela mulher. Ele já havia recebido muito além da atenção que precisava, tanto dela quanto de suas amantes.

Enquanto orávamos, ela se reconheceu como o quintal negligenciado, por ter passado anos sem atentar-se para suas próprias necessidades básicas. Havia chegado a hora dela se focar em sua própria saúde. Quanto mais ela o auxiliava, encobrindo seu comportamento dos amigos, mais isso servia para exacerbar o problema. Liberar-se deste ciclo pecaminoso seria a única opção saudável para ela.

A cerca representava um limite que precisava ser erguido no seu casamento. Ela entendeu que cada pessoa tem um papel a cumprir num relacionamento. Não podemos desempenhar o papel da outra pessoa no lugar dela; somente ela pode fazê-lo. Sua confiança fora violada repetidamente. Caso ela escolhesse permanecer casada, ele teria que assumir sua culpa e prestar contas diariamente para sua comunidade. Ela precisaria de tempo e de acolhimento de um grupo de apoio, e eles dois precisariam de aconselhamento matrimonial.

No final, ele escolheu o seu vício e perdeu o casamento que tinha com minha amiga. Mas ela se curou e segue uma vida saudável até o dia de hoje.

Os limites não têm o propósito de se posicionarem *contra* uma outra pessoa; eles são estabelecidos *para o nosso* próprio benefício. Eles são fluidos e podem ser ajustados conforme for necessário. Ou seja, podemos baixar ou elevar um limite de acordo com o necessário. Contudo, esteja preparado para um potencial contra-ataque, visto que as pessoas que transgredem os limites normalmente também resistem a eles.

———

Uma certa vez, namorei um rapaz que exibia um comportamento instável de acolhimento e afastamento. Depois de alguns encontros divertidos, ele ficava temeroso e se retraía, ficando sem comunicar-se completamente comigo, e retornava só depois de algum tempo. Ele até afirmava: "Deus me disse que precisamos de duas semanas afastados um do outro". Quando analiso tudo isso, penso que talvez Deus realmente tenha lhe dito isso, para que *eu* tivesse tempo de perceber suas tendências instáveis. Permiti que isso se estendesse por quase um ano.

Durante nossa separação, ele vivia sua vida alegremente, enquanto eu me agonizava com o que eu possivelmente teria feito de errado. Depois da sua pausa "guiada por Deus", ele voltava a relacionar-se comigo, como se nada tivesse acontecido. Existe um ditado que diz que as pessoas loucas fazem você se sentir louco.

Realmente.

Um dia, usei o bom senso. Disse-lhe que se ele quisesse continuar a relacionar-se comigo, ele poderia fazê-lo como amigo, sem beijos, mãos dadas, ou abraços. Visto que ele estava enfrentando a fase de afastamento, ele concordou. Dá para acreditar nisso? No mesmo dia, ele aproximou-se de mim e pegou na minha mão. — Eu sei que você não quer nada físico – ele disse –, mas me sinto tão conectado com você.

Tipicamente, eu teria minimizado isso tudo. — *O que importa? Ele só pegou na minha mão. Tivemos um dia excelente, não faça disso um grande caso* – e assim por diante, mas dessa vez foi diferente. Eu queria um relacionamento, mas não nesses termos.

— Na verdade – disse eu –, falei contigo que só queria sua amizade. Se não posso confiar em você para algo tão simples, não poderei confiar para as coisas que realmente importam. Isso acaba hoje, o que quer que seja "isso".

Ele olhou para mim, pasmo.

— Sinto como se alguém tivesse tomado de mim meu brinquedo predileto. – Disse ele, confuso. Com isso, ele foi embora, e levou consigo todo seu drama. Com essa atitude, ele exemplificou perfeitamente seu comportamento infantil. Até então, eu era o brinquedo que seria descartado, ou com o qual ele poderia brincar, para o seu bel prazer.

Em um instante, veio à tona o que eu já desconfiava desde o início.

Além do mais, o poder de encerrar ciclos pousava sobre mim, mas o medo de perdê-lo me impedia de terminar o relacionamento. Quando eu finalmente exerci minha coragem, o sentimento de poder que senti foi tão forte que eu queria gritar para o mundo inteiro ouvir. Fui para a praia e corri por toda a costa do mar, saltitando pela liberdade reconquistada. Libertei-me do pensamento codependente. Não precisava mais de sua aprovação para ser feliz. Estava bem – muito bem – sem sua aprovação. Senti a admiração de Deus pela minha escolha saudável, a primeira dentro das muitas outras que seguiram.

Devi Titus nos ensinou uma verdade poderosa extraída de Tito 2:5, sobre a mulher como guardiã, ou protetora, do seu lar. Ela afirmou que Deus nos deu autoridade espiritual para proteger aquilo que permitimos que entre ou saia de nossas casas.

Da mesma forma, o nosso corpo é o lugar onde Deus habita. Temos a autoridade de aceitar ou rejeitar o que acontece conosco. Somos *mais do que justificados* quando dizemos não para as pessoas que tentam tirar vantagem das nossas vulnerabilidades, e sim para relacionamentos saudáveis e que geram vida. Quem sabe, não houve guardiões em nossa juventude, mas nunca é tarde demais para tornar-se um. Nunca teremos que fazer concessões dos nossos valores só para agradar alguém. Se eles disserem que sim, eles não são dignos do nosso relacionamento.

A Bíblia relata uma excelente história sobre um homem judeu chamado Neemias. Depois que os babilônios saquearam Jerusalém, eles exilaram muitos judeus e forçaram todos eles ao serviço escravo. Naquela época, Neemias servia como copeiro do rei Artaxerxes. Sempre ansioso por receber notícias de sua terra natal, Neemias interrogou seu amigo Hanani sobre os judeus que retornaram para Jerusalém após seu período de escravidão. Para o seu desespero, ele ficou sabendo que os muros de Jerusalém haviam sido destruídos, e seus portões incendiados. Numa reviravolta histórica, ele conseguiu permissão e provisão do rei para reconstruí-los.

Durante o processo de restauração, Neemias reconstruiu onze portões da cidade. Cada um deles levava um nome, como a Porta dos Peixes, a qual recebeu este nome pela sua proximidade com o mercado de peixes, a Porta das Ovelhas, e assim por diante. Em outras palavras, cada portão servia um propósito distinto. Os mercadores e os consumidores passavam pelos portões, trazendo tudo o que haviam comprado ou levando o que desejavam vender. Cada portão provia o acesso de via dupla. A não ser a Porta do Lixo. A Porta do Monturo, ou Lixo, operava de forma diferente.

O lixo saía, mas ele não voltava.

Durante sua jornada de cura, muitas memórias tóxicas serão expelidas do seu corpo, conforme você processa o trauma causado por tudo o que você enfrentou. Eu oro para que Deus cure todas as suas lembranças, conforme Ele continua a me curar também. Mas saiba disso: você tem o direito de fechar o portão do seu interior, para evitar que indivíduos com hábitos doentios tragam lixo para a sua preciosa alma. Você tem permissão de manter a distância de pessoas doentias.

O lixo deve sempre sair. Nunca entrar.

Durante minha jornada, mencionei que os meus mentores me encorajaram a distanciar-me dos meus pais enquanto eu me curava. Apesar de ter sido extremamente difícil para todos nós, essa separação me ajudou a processar minha dor com segurança. Após esse processo, tornei-me mais forte e mais saudável, entendendo que tivemos que estabelecer um limite até que eles pudessem reconhecer e não mais justificar seus erros.

Será impossível ter comunhão verdadeira com as pessoas que lhe feriram a não ser que elas se arrependam dos comportamentos que tiveram. Se elas continuarem a justificar o abuso, elas são pessoas doentias. O portão deve ser fechado, mesmo que isso possa partir seu coração.

———————

Tenho um lugar favorito que gosto de visitar e fica numa trilha próxima a minha vizinhança. O caminho de cascalho, que range sob os pés, termina em um aqueduto. À medida que a neve derrete no topo das montanhas de Sierra, a água do degelo é canalizada para o nosso vale abaixo, fornecendo água para os campos. É de tirar o fôlego observar a água verde-esmeralda enquanto ela escorre sobre os muros de pedra. No centro de tudo isso, há um sistema de rodas e comportas que gerencia de forma eficiente todo o fluxo da água.

Sem os limites do aqueduto, a água que escoa da montanha nunca chegaria ao seu destino. Semelhantemente, a preciosa e viva cura de Deus poderia se perder, ao falharmos em estabelecer limites. Lembre-se: um rio sem as suas margens torna-se um alagamento. Estabelecer muros ao redor da nossa jornada de cura, serve para protegê-la e direcioná-la, para o nosso próprio benefício. Construir um sistema de portões nas nossas almas afasta as pessoas doentias.

Gaste tempo com Jesus. Peça a Ele que te mostre um lugar seguro para processar. Eu elegi um profissional na área de aconselhamento. Deus também me proveu de mentores queridos que me colocaram debaixo de suas asas, fielmente, durante dois anos. Este foi um presente que eu nunca conseguirei recompensar. Assim como Jesus teve um caminho intencional para eu trilhar, Ele tem um para você também.

Ele prometeu que os rios da vida fluirão através d'Ele, até você. Eu oro para que esses rios encham o manancial no seu interior até ele transbordar, um manancial criado através de limites estabelecidos pela coragem.

CAPÍTULO 11

INFERIOR

Curando a mentira da perfeição

Sob as recomendações do médico, devido ao que ele mesmo denominou de idade "madura", inscrevi-me na academia para começar atividades de levantamento de pesos.

Depois de lutar para vestir um par de calças tipo *legging* de academia e cair no chão porque meu pé ficou preso no tecido apertado de uma das pernas, arremessei essas calças num cesto de roupas para doação e fui às compras. Como os itens de roupas a base de elastano não eram mais uma opção para mim, experimentei um par de calças bem folgadas, do estilo calças paraquedas, e no processo não me acidentei, mas me senti até mesmo, se assim posso ousar dizer, bonita.

No dia seguinte, segui para a academia.

Não passou muito tempo até que uma senhora se aproximou de mim. Ela disse algo, mas eu estava com os meus fones de ouvido e não pude entender. Tirei um dos meus fones e me inclinei para escutar, meu rosto a poucos centímetros do rosto dela.

— Desculpa? – Perguntei.

— Gostei das suas calças – ela disse.

— Obrigada – respondi com um sorriso.

Não vou mentir; senti-me muito bem comigo mesma até o final do meu exercício – até imaginei se outras pessoas também gostaram das minhas calças.

Antes de dirigir-me para casa, lavei minhas mãos no banheiro. Foi quando eu notei um borrão de pasta de amendoim do meu café da manhã, espalhado no meu rosto. Do mesmo lado que eu me inclinei para conversar com aquela mulher.

Ah, mas tem mais, essa não foi a pior parte. Um pedaço inteiro de amendoim estava grudado à sua base cremosa. Um filme começou a passar na minha mente. Lavei minhas mãos e o meu rosto, e sai da academia, balançando minha cabeça decepcionada. No departamento da perfeição, sempre fui a madrinha e nunca a noiva.

———————

Minha irmã e eu costumávamos devorar os livros e revistas durante as férias de verão. Nunca me esquecerei de um artigo encantador sobre uma garota fictícia chamada Jackie. Ela nunca deixava sua casa, se uma de suas unhas estivesse com o esmalte lascado, e jamais se afobava, vestida com um *sweater* vermelho, quando, de fato, ela queria usar o verde. Imagino que ela não aparecia nos lugares com resto de café da manhã grudado no seu rosto também. Isso se tornou nossa nova frase de efeito para as pessoas que pareciam ter tudo alinhado perfeitamente em suas vidas. — Conheci a Jackie hoje – dizíamos, continuando a elogiar um ou outro dos seus méritos.

Honestamente, eu não sei por que ficamos tão intrigadas com esse artigo sem importância. Talvez nosso cérebro de adolescente desfrutasse da fantasia de ser uma pessoa que todos admiravam. Talvez a Jackie representasse a serenidade quando na realidade, vivíamos em meio ao caos desenfreado. Ainda assim, essa mulher perfeita virou, para nós, o símbolo de um ideal inalcançável – como o anel de bronze dos carrosséis infantis.

Você já ouviu falar do "anel de bronze" nos carrosséis antigos? Durante o passeio, um braço de madeira era abaixado aleatoriamente, com um objeto brilhante pendurado. Se o cavaleiro conseguisse agarrá-lo, ganhava outra volta no carrossel.

A questão é que tudo não passava de uma ilusão.

O anel era projetado para ficar levemente fora de alcance; quando o cavalo descia, o anel subia. Os passageiros esticavam os dedos o máximo possível, tentando manter o equilíbrio e alcançar o prêmio escorregadio. E, quando percebiam, o passeio já havia terminado.

Isso levanta uma questão: qual é o sentido de ganhar outra volta se a primeira foi tão cheia de tensão? Por que não aproveitar a primeira desde o início?

Da mesma forma, o encanto da perfeição nos mantém focados em coisas inalcançáveis, enquanto nos rouba a alegria do momento presente. Só temos uma volta no carrossel dessa vida humana tão selvagem e imprevisível.

E se parássemos de correr atrás de padrões impossíveis e, em vez disso, abraçássemos nosso eu autêntico – ainda em processo de crescimento? E se, apesar de todos os argumentos contrários, nós:

Terminarmos o livro.
Convidarmos as pessoas para a nossa casa bagunçada.
Terminarmos o relacionamento.

Aceitarmos a proposta de trabalho.

Subirmos a postagem.

Reservarmos a viagem

Há muita vida para se viver, e o perfeccionismo deseja nos impedir de começar.

A ilusão da perfeição é a maior mentira de todos os tempos. Quando Deus criou Adão e Eva em Sua própria imagem, Ele os posicionou num lindo jardim cheio de árvores frutíferas. Eles poderiam comer do fruto de todas as árvores, exceto da árvore do conhecimento do bem e do mal. Se comessem daquele fruto, eles morreriam. Dessa forma, Deus concedeu à Sua criação o livre-arbítrio, dando-lhes a opção de escolher obedecer. Ou não.

Aproveitando a oportunidade, o diabo tentou Eva para que ela comesse do fruto proibido. Em contradição direta ao alerta de Deus, ele disse, "Certamente não morrereis. Porque Deus sabe que, no dia em que dele comerdes, se abrirão os vossos olhos, e sereis como Deus, sabendo o bem e o mal" (Gênesis 3:4-5 ARC).

Enganada, Eva deu o fruto a Adão, e os dois comeram. Conforme Deus havia avisado, a morte entrou no jardim. Embora a tentação sorrateira do diabo transbordasse engano, a mensagem central era esta:

Você é insuficiente.

Se você um dia já se sentiu de alguma forma inadequado, esse sentimento está enraizado na mentira de que você não é suficiente. Enquanto Deus reafirma quem nós somos n'Ele, o diabo é perito em nos dizer quem não somos, resultando na manipulação da nossa identidade. O diabo sabe que se ele conseguir fazer-nos sentir inferiores aos outros, traçaremos um caminho sem fim procurando preencher nosso vazio com todas as coisas erradas, para remediar nosso sentimento, sem nunca encontrar a satisfação.

Você já se lamentou da seguinte forma: "Se ao menos eu tivesse isso ou aquilo, minha vida seria completa"? E então agarrou-se ansiosamente àquela coisa, procurando preencher o sentimento de vazio? Não digo isso para causar vergonha. Já fui vítima desta mentira muitas vezes.

Já rejeitei um ou outro objeto enquanto fazia compras porque não sentia que aquilo era o meu estilo, somente para vê-lo depois, exposto orgulhosamente nas mãos de uma *influencer*, como se aquele item fosse "o achado do século". Quando vi aquilo decorando sua casa lindamente, eu rapidamente decidi que queria um daqueles. Eu dirigi ansiosamente de volta para a loja, almejando que aquele item não tivesse se esgotado, pois assim ele tornaria meu mundo perfeito. Sentia-me tão realizada com a minha compra por um tempo, mas, eventualmente, o objeto perdia sua atratividade, e eu então concluía que aquilo não tinha remediado em nada a minha situação.

O medo da escassez cria a percepção do vazio.

Quando tentamos preencher o vazio distantes de Deus, essa atitude causa ansiedade, angústia e desespero – um anel de bronze insidioso, que promete o mundo e não entrega nada. Contudo, podemos nos curar da mentira da perfeição. Isso requer mudança de foco e confiança.

A verdade é que Eva não precisava de mais uma coisa, mas o inimigo a convenceu que sim. Seu engano funcionou, porque ele focou sua atenção naquilo que ela não tinha, ao invés do que ela já tinha. Ter mais, nem sempre é melhor; só é... mais. Como você preencheria a lacuna abaixo?

Preciso de mais _____.

Desconheço qual é a sua necessidade, mas estou certa de uma coisa: se você não colocar o nome de Jesus na lacuna acima, ter mais daquilo que você pediu não resolverá o seu problema. Confie em mim, eu já tentei isso antes. Devemos parar de fixar nosso olhar nas coisas que Deus propositadamente tem deixado fora do nosso alcance. Mas, cuidado. O inimigo é perito em fazer aquilo que não temos parecer ser mais atrativo do que aquilo que temos. Vamos expor algumas de suas estratégias malignas. Você alguma vez achou a casa de outra pessoa melhor que a sua? E os outros itens ou relacionamentos dela, tais como:

Marido.
Carro.
Amigos.
Namorado.
Cabelo.
Família.
Férias.
Joias.
Pele.
Maquiagem.
Filhos.
Estilo de ensino bíblico.

A batalha para afastar-me daquilo que eu ansiava ter, fosse aquilo um objeto inofensivo ou um potencialmente nocivo, demandou mudança de foco. Aqui abaixo estão listados alguns hábitos práticos que achei útil:

- Quando desejo a casa de outra pessoa, eu limpo a minha. No final, acendo uma vela decorativa e olho ao meu redor com satisfação, declarando quão abençoada eu sou por viver ali.
- Quando desejo algo novo, organizo minha gaveta para contabilizar quantas coisas eu já tenho. Frequentemente, concluo que não preciso de mais; na realidade, preciso de menos coisas.
- Quando sou tentada a comparar-me com outra pessoa, exerço a gratidão ou busco a sabedoria de uma amiga.

Usar essas táticas para desviar meu olhar daquilo que é o "fruto proibido do momento" me ajuda a redirecionar o foco. Às vezes, porém, meu desejo por algo é tão forte que isso se torna um teste ainda maior do meu poder de escolha.

———————

Anos antes de eu conhecer e casar-me com o Ted, meu antigo esposo me abandonou. Apesar de eu não saber na época, meu advogado me informou mais tarde que meu ex-marido tinha plenas intenções de se divorciar de mim e casar-se novamente. Ele começou com uma separação litigiosa. Como você pode imaginar, minhas emoções ficaram feridas e muito sensíveis. Por coincidência – ou não –, um homem muito atraente começou a visitar meu escritório pelas manhãs. Ele também estava enfrentando uma separação. Ele colocou seus braços na parte superior da moldura da porta, seus bíceps saltando para fora, e perguntou num tom insinuante: — Qual é o versículo bíblico do dia, Andi? – Meu Pai, como alguém consegue resistir a isso?

Esse foi o teste ao padrão Eva mais significativo que eu já enfrentei até hoje. Será que eu agarraria algo que não havia sido feito para mim? Sabia que a porta estava aberta se eu desejasse entrar por ela.

Eu quase conseguia ouvir as mentiras do inimigo. — *Deus está preparando seu próximo marido. Quais as chances de vocês dois estarem enfrentando uma separação ao mesmo tempo? Essa é a provisão de Deus para você.*

Em uma linda noite, saí do trabalho angustiada. Após uma decisão impulsiva, dirigi meu carro no sentido oposto da minha casa, em direção às montanhas, e estacionei num pedaço de estrada desértica. Saí do carro, fechei a porta, e escalei o capo do carro. Deitada debaixo daquele céu estrelado, clamei a Deus. "Tu sondas meu coração. Sabes que estou me sentindo amedrontada e abandonada. Mas vou lutar pelo meu casamento até o final. Fui fiel todos esses anos, e serei fiel até o fim. Por favor, me ajude. Ofereço tudo a ti, mesmo que acabe ficando sozinha."

No silêncio da noite, sabia o que deveria fazer. No dia seguinte, falei firmemente com aquele homem, pedindo a ele que não retornasse mais ao meu escritório. Logo depois, meu ex me largou de uma vez por todas. Mudei para o sul da Califórnia visando frequentar o seminário, onde conheci o Ted. Três anos depois, saímos para o nosso primeiro encontro juntos, e seis meses depois disso, nós nos casamos, choramos de alegria enquanto eu desfilava pelo corredor da igreja.

E se eu tivesse cedido aos meus prazeres todos aqueles anos atrás? Teria colocado tudo a perder. Mas naquele momento de rendição, realinhei meu foco. Coloquei minha confiança em Deus, ao invés de confiar em mim mesma, e abracei um futuro incerto. Aquele foi um momento monumental de crescimento, onde o medo da escassez e de acabar sozinha haviam sido os fatores que me impulsionaram para o meu primeiro casamento, que foi tão problemático.

O inimigo separou Eva de Deus ao semear sementes de desconfiança, sugerindo que Deus reteve algo dela. A desconfiança leva à separação. Desconectada da verdade de Deus, Eva se tornou vulnerável às mentiras. Ela comeu do fruto proibido e convidou o pecado e a morte para entrarem. Ela tentou se esconder de Deus entre as árvores em sua situação caída, envergonhada de encarar a Deus.

Também já fui tentada a esconder certas coisas de Deus porque, honestamente, eu não queria abrir mão delas. Quando se trata deste hábito específico, Jesus me disse com grande compaixão: — Você não tem que abrir mão; apenas fale comigo sobre isso.

Eu nem ao menos sabia que essa era uma opção! Ao olhar para trás, falar com Jesus sobre o que me tentava parecia ser óbvio. A sensação de poder falar com Ele sobre isso tudo era tão boa. Jesus me afirmou que Ele não reteria de mim nada que fosse bom (Salmo 84:11).

Com o tempo, através da transparência e do aconselhamento, minha ferida com relação a confiança foi sarada. Percebi que não precisava mais dos velhos hábitos para seguir em frente e, de boa vontade, deixei-os para trás. Pode ser que sua trajetória seja diferente. Meu desejo é: não permita que a tua luta te impeça de pedir ajuda a Jesus, independente do que for. Convide Jesus para participar do processo. Como fonte de toda boa dádiva, Deus nunca será mesquinho com você. Ele é sempre digno de confiança.

Parece que o mundo constantemente nos pressiona a elevar nosso jogo, seja para comprar uma casa mais luxuosa, fazer um corte de cabelo mais bonito, esculpir um corpo melhor, ou algo assim. Com tantas fotos nas redes sociais para alimentar nossa obsessão atual, podemos nos convencer que estamos apenas reunindo informações ou sendo inspirados. Mas aqui

QUANDO SEUS PROTETORES FALHARAM

está o desafio. Sem um senso de identidade sólido, inclusive sobre o que nós gostamos e quem nós somos, podemos ficar um pouco perdidos.

Quando minha amiga e eu ajudamos as pessoas a decorarem seus ambientes, a maior parte das chamadas desesperadas que recebemos vem de mulheres que já gastaram muito dinheiro com móveis. Ao chegarmos na casa da cliente, a dona da casa frustrada apontava para as fotos e comentava como tudo aparentava ser tão bonito *online*, comparado a sua realidade caótica.

Sempre começávamos perguntando o que mais ela tinha, o que parecia contraintuitivo, visto que as pilhas de coisas nos cercavam. Ela abria os *closets* dos quartos de visita com relutância, ou nos levava até os cantos empoeirados da garagem. Escondido da vista, possivelmente encontraríamos um vaso interessante, uma mesinha antiga, um quadro estiloso, ou algo desse tipo.

A dona daquela casa explicava que ela amava aquele objeto, mas acreditava que ele não era digno de ser exposto pois era algo muito antigo, usado, ou incomum e "não tinha o mesmo visual da foto na revista". Apesar disso, trazíamos o tal objeto para a composição. Quando ela via a beleza daquilo através de nossos olhos, a cliente então arrastava para fora outras coisas de dentro dos *closets*.

Este processo sempre resultava numa linda casa expondo uma mistura harmoniosa entre o novo e o antigo, refletindo assim a verdadeira identidade da dona da casa.

Não era perfeita, diga-se de passagem, mas autêntica.

———————

Poderia fazer uma sensível comparação entre essa ilustração e as nossas vidas?

Envergonhados pelas coisas que fizeram contra nós, ou pelas lutas constantes que não se encaixam com a imagem que queremos transmitir, empilhamos as nossas partes incomuns, usadas e surradas fora do alcance da vista dos outros, especialmente das pessoas que parecem ter uma vida sob controle.

Descobri nos meus anos de faculdade que, ao contrário da canção *country*, Jose Cuervo *não* é meu amigo.[1] Devido ao abuso traumático, acreditei que meu corpo pertencia a outra pessoa. Eu tinha um temperamento forte, era presunçosa, fazia péssimas escolhas, falava desrespeitosamente com as pessoas, mentia quando me sentia amedrontada, e sofria com muitas coisas.

Meu maior anseio era ajeitar a minha vida, mas não sabia como fazê-lo. Praticava o que aprendi na infância: escondi as partes bagunçadas e projetei a imagem perfeita. Quem me dera eu soubesse naquele tempo tudo o que sei agora.

Nós não temos que estar com tudo alinhado antes de irmos até Jesus – Ele é quem nos ajuda com isso.

Pecadores, prostitutas e coletores de impostos, todos se aproximaram de Jesus e foram recebidos com misericórdia. Ele morreu na cruz, perdoando nossos pecados e transmitindo sua justiça para nós.

Por causa da maior dádiva do amor, podemos nos achegar a Jesus exatamente do jeito que estamos.

Não tenha medo do que Jesus possa pedir para você abrir mão, seja isso uma pessoa, seja um vício, ou um estilo de vida, nada pode te impedir de achegar-se a Ele. Leve isso a Ele. Ele te ajudará a resolver tudo.

Você vai continuar do jeito que está agora? Provavelmente não. Mas quando Jesus te transformar de acordo com

---

1   Nota da tradução: *Referência à canção country "Jose Cuervo", sucesso de Shelly West lançado em 1983, cujo refrão diz: "Jose Cuervo, you are a friend of mine" ("Jose Cuervo, você é meu amigo"). A autora brinca com a letra da música ao dizer que, ao contrário do que canta Shelly West, ela descobriu na faculdade que Jose Cuervo (uma marca de tequila) não era seu amigo de fato, apesar do que a famosa canção dizia.*

a Sua imagem, você será tão livre que não sentirá falta da sua versão antiga.

———

Amigos, a perfeição é uma mentira. Ela promete tudo e não entrega nada. Chegou o momento de expor esta mentira e virá-la de ponta-cabeça.

Não somos insuficientes.
A perfeição é.

Ao invés de buscá-la, busque alcançar autenticidade, paz, amor, alegria, amizade, humildade e transparência. Ao fazê--lo, sua vida se tornará uma representação linda e autêntica de si mesmo – quebrantada, mas perdoada, precisando de restauração, porém amada –, em outras palavras, perfeita-mente imperfeita.
Assim como o resto das pessoas.

CAPÍTULO 12

QUERES SER CURADO?

Curando a mentalidade de vítima

E u tinha uma cachorra de estimação chamada Lily, uma *Sheltie* que gostava de saltar muito alto pelo ar e agarrar as bolas de tênis que eu arremessava para ela. Um dia, enquanto tentava pegar uma bola, ela soltou um ganido e caiu no chão. Apressei-me para pegá-la no colo, pois claramente ela não conseguia andar.

Uma consulta na clínica local confirmou que Lily havia rompido um ligamento. Nosso veterinário não podia fazer a operação que era preciso, portanto, dirigimos por 2 horas para uma cidade ao sul, onde ficava o estabelecimento mais próximo. Depois de seu procedimento de sucesso, minha cachorrinha apareceu com uma bota de gesso *pink* em sua pata, restringindo seus movimentos para o processo de cura. Seis semanas depois, na remoção do gesso, ela começou a tentar apoiar seu peso sobre essa mesma pata, cuidadosamente.

Um pouco mais de um mês depois, devido à força que Lily fez sobre a sua pata saudável, o ligamento dessa outra pata posterior também se rompeu. Dirigimos para o sul para fazer um segundo procedimento, e depois de mais seis semanas, eles removeram a segunda bota de gesso. A Lily se curou e a vida prosseguiu normalmente – exceto que eu notei que ela ainda andava mancando. Queria que ela tivesse uma vida saudável, e as duas cirurgias dispendiosas deveriam ter-lhe garantido isso.

Agendei uma consulta com o centro cirúrgico para falar com o veterinário. Enquanto esperava ansiosamente, sentada na sala de espera, ele apareceu e pediu para levar minha cachorrinha para o consultório dos fundos:

— Sozinha – ele acrescentou, firmemente.

Eles retornaram dentro de alguns instantes. Ele segurou uma bola no ar enquanto ela saltava, tentando capturá-la da mão dele. A perna de Lily estava curada, algo que parecia um verdadeiro milagre.

— O que aconteceu? – Perguntei, mal podendo acreditar no que via.

Ele ignorou minha pergunta: — Posso te perguntar o que você faz quando ela começa a mancar?

— Bem – eu disse, pensando cuidadosamente. — Eu a seguro, massageio sua perna, e lhe dou um petisco para cachorro. Você sabe, todas as coisas normais.

— Com todo o respeito, senhora – ele disse, fitando-me firmemente –, você treinou sua cachorra para ela mancar.

Essa cachorrinha sapeca me manipulou de jeito. Como você pode imaginar, todas as recompensas para esta bobagem cessaram imediatamente. Em pouco tempo, sua perna e comportamento se endireitaram.

———————

Existem muitas áreas onde possivelmente desenvolvemos uma vida manca. Infelizmente, numerosas vítimas são treinadas – condicionadas – pelos seus abusadores a se comportarem de forma indesejada. Esta área delicada é processada melhor dentro de um ambiente de aconselhamento profissional, com a ajuda de indivíduos que podem nos guiar a desaprender e desfazer o efeito que as mensagens destrutivas tiveram sobre nós.

Comportamentos que são recompensados podem simplesmente incentivar uma pessoa a mancar, por assim dizer, aprisionando-a a antigos padrões repetitivos. Você conhece esse tipo: tive um péssimo dia, então eu mereço esse vinho, sorvete, chocolate, *cheeseburger* duplo do meu restaurante preferido, pacote de batatas *chips*, ou outro item de indulgência. Você nunca me verá discordando disso de forma rígida; os dias maus realmente pedem um conforto de vez em quando. Mas quando essas recompensas forjam os hábitos mais sorrateiros que nos fazem mancar, ao estilo vitimista, por toda a vida – ou pior, criam vícios debilitantes –, é chegado o tempo de tratar o mal pela raiz.

Em seu livro, "O Grande Divórcio", o autor C. S. Lewis diz: "Um valor incorreto pode ser corrigido; mas somente regredindo ao início para encontrar o erro e recomeçando a partir daquele ponto, nunca por simplesmente prosseguir. O mal pode ser desfeito, mas não pode desenvolver-se em algo bom. O tempo não cura esse dano".

Tenho o privilégio de mentorear mulheres. Frequentemente, elas levam tempo para voltarem mentalmente e trabalharem no que deu errado a partir do ponto onde as coisas deram errado. Às vezes, semanas de reflexão se transformam em meses; desembaraçar o passado é um processo. Lewis está correto, o mal nunca se transforma no bem. As coisas terríveis que aconteceram com você nunca, nunca serão boas. Mas quando esse mal é depositado nas mãos de Deus, Ele pode trabalhar nessas situações para o nosso bem (Romanos 8:28). Já experimentei essa verdade em primeira mão.

Tive que aprender que continuar a recompensar minhas feridas ao invés de lidar com elas só me deixariam deficiente. Enquanto isso parecia ser o mais fácil a ser feito, não estava me ajudando a ser saudável.

———————

O evangelho de João nos conta acerca de um homem que, por longos trinta e oito anos, deitava-se ao lado do tanque de Betesda, cujas águas movidas pelo anjo, como todos criam, continham propriedades curadoras. Muitos outros deitavam--se ali, mas enquanto Jesus andava ao lado do tanque com Seus discípulos, Ele perguntou especificamente para este homem, "Queres ficar são?" (João 5:6).

Talvez você pense que essa foi uma pergunta estranha. Obviamente, alguém que se deitava ao chão por quase quarenta anos certamente gostaria de ser curado, certo? A resposta deveria ser instantaneamente: "Sim"!

O homem, contudo, responde que ele não tem ninguém para colocá-lo dentro do tanque, e que mesmo que ele tentasse, outra pessoa chegaria ali primeiro do que ele. Sua resposta é lamentável e ainda sim, compreensível. Ele vive sozinho há décadas, focado na única solução que ele acredita que transformaria suas circunstâncias: entrar naquela água. Com grande compaixão, Jesus lhe dá um comando de pegar seu colchão e andar. Instantaneamente, o homem foi curado. Creio que para mudar a perspectiva de vítima para uma vitoriosa, nós também devemos ponderar sobre a questão que Jesus fez:

— Queres ficar são?

Antes de começar minha jornada de cura, eu respondi semelhantemente a esse homem –*Não tenho ninguém que me ajude.* O abuso do passado fez com que eu me sentisse isolada e impotente. Frequentemente, desejei que alguém me carregasse até o tanque da cura, que alguém enxergasse minha situação e a consertasse para mim. Para ser bem transparente, eu não queria encarar meu passado e ter o trabalho duro que eu sabia que estava a minha frente. Eu estava com medo.

- Como aquele homem, não disse sim imediatamente.
- Como aquele homem, não me senti validada.
- Como aquele homem, não contava com a compaixão de Cristo.

Jesus desviou meu olhar da solução inalcançável e inatingível. Ele – minha solução – colocou-se bem ao meu lado, oferecendo-me Sua ajuda. Queria muito que nossa cura fosse tão instantânea quanto foi para aquele homem. Mas ela não será. Infelizmente, a cura interior com frequência pode ser uma longa e dolorosa jornada, mas Jesus caminhará conosco. Ele está conosco para sempre.

Quando eu oro com as pessoas, sinto uma grande compaixão pelos seus corações partidos. Às vezes, as pessoas não estão prontas para começarem sua jornada. Aprendi a sempre perguntar antes, "Queres ser são?" Se verdadeiramente esta pessoa responder: "Não", oramos por paz para o tempo certo de Deus. Para aqueles que estão prontos, pedimos a Jesus para mostrá-los como começar.

———

Para embarcar na nossa jornada de cura, precisaremos usar os músculos diferentes e mais enfraquecidos. Não mais paralisado, o homem pegou sua cama, que representa seu antigo estilo de vida, e prosseguiu em frente. Ele exercitou novos músculos. Ele provavelmente teve que encontrar uma nova forma de subsistência, visto que não mais poderia mendigar para sobreviver. E enquanto eu imagino que certamente ele estava bem empolgado, sua nova função provavelmente requereria muito mais trabalho árduo de sua parte, tendo que fazer coisas que ele nunca havia feito antes.

Da mesma forma, ao mudar a perspectiva, de vítima a vitorioso, devemos deixar para trás métodos de operação antigos e aprender novas habilidades. Enquanto o resultado será muito mais satisfatório do que poderíamos imaginar, ainda assim ele irá requerer trabalho duro. Eu aprendi que precisava:

- Respeitar as pessoas.
- Ser ensinável ao invés de ficar na defensiva.
- Ser gentil, o tempo todo, e nunca com uma atitude crítica.
- Parar de julgar as pessoas.
- Ser paciente.
- Usar minha voz para me beneficiar e beneficiar aos outros.
- Estabelecer limites.
- Ter mais compaixão.
- Fazer um pedido de perdão genuíno.
- Ser mais gentil com meu corpo.
- Parar de agradar as pessoas.
- Tornar-me interdependente, e não codependente.
- Escutar para entender, ao invés de tentar provar que estava certa.
- Ter mais coragem do que eu já imaginei ser possível.

Eu não possuía nenhuma dessas habilidades listadas acima, até que eu escolhi mudar. Eu entendi que ninguém poderia fazer essas coisas por mim. Eu teria que aprender a exercê-las. Elas não foram fáceis de se cultivar, e eu continuo a depender da graça de Deus diariamente. Às vezes, eu pondero sobre meu comportamento antigo: defensiva, desrespeitosa e pronta a me irar. Ainda bem que cresci; não sou mais aquela pessoa.

Eu ainda cometo erros e decepciono a mim mesma e as

outras pessoas? Certamente! Sou humana. Contudo, os passos positivos de avanço que eu tomei com Jesus estão comigo para sempre. É importante celebrar esses marcos. E quando, assim como fiz recentemente, nos voltamos aos antigos hábitos inadvertidamente, esses pequenos e passageiros escorregões só servirão para nos mostrar o quanto já avançamos.

Durante uma viagem de *ski* com minha família, eu cheguei no teleférico antes deles chegarem. Um homem atrás de mim, muito impaciente para pegar o próximo assento, gritou comigo: — Saia do caminho! - Parece que as pessoas atrás de mim nas filas estão sempre irritadas por alguma coisa! Assustada, sai da fila num pulo para dar espaço para ele, mas não fui rápida o suficiente para evitar trombar-me com uma cadeira do teleférico. A força do impacto quebrou meu joelho. Penso que sou a única pessoa no mundo que conseguiu quebrar um joelho estando parada.

Prometi que nunca mais iria esquiar de novo, mas cedi relutantemente quando meu esposo implorou comigo. No passado, era muito boa em esquiar, descendo por colinas desafiadoras com facilidade. Agora, temerosa pelo meu acidente e pelo longo processo de recuperação, insistia em esquiar somente nas colinas para iniciantes do *ski*.

Pelo caminho inteiro de subida da montanha, eu contava a qualquer pessoa que estivesse compartilhando o teleférico comigo sobre o meu acidente. Eu falava repetidamente sobre quão assombrada eu estava em esquiar novamente - eu fiz isso o dia inteiro. À noite, tantas pessoas já sabiam da minha história desastrosa que, por todo lugar que eu passava, alguém gritava para mim, "Você se saiu muito bem", ou então "Você consegue!"

A uma certa altura, eu até pensei comigo mesma, *"Andi do céu, pare de falar sobre isso!"* Mas dá para acreditar? Eu não parei. Meu pobre esposo teve que me escutar contar aquela história repetidamente para os outros.

No dia seguinte, percebi que o Ted estava um pouco rabugento. Fui fazer uma caminhada de oração e falei sobre isso com Deus brevemente. Em resposta, ouvi sua voz dizendo, *O que você esperava dele? Você reclamou o dia inteiro.* Dei uma gargalhada, e fui para casa pedir desculpas para ele. Sim, eu tive um acidente traumático, mas será que eu precisava processar isso até enjoar? Definitivamente que não.

Às vezes, quando ainda tinha uma mentalidade vitimista, tentava processar meu trauma através das outras pessoas. Eventualmente, eu aprendi que isso as sobrecarregava, mesmo se elas fossem gentis comigo sobre isso, como aquelas pessoas nas colinas foram. A compaixão delas me dava um alívio momentâneo, muito parecido com os petiscos que eu dava para a Lily.

Ainda assim, isso nunca consertou a raiz do meu problema, pelo contrário, só serviu para reforçar hábitos improdutivos. Minha dor seria mais bem processada num lugar seguro e privado, junto com minha disposição para mudar e crescer.

Levou tempo e profunda autoanálise para que conseguisse formar hábitos melhores e alinhar meu comportamento com o que Jesus desejava de mim.

———————

Em uma história bem conhecida encontrada no evangelho de Lucas, as duas irmãs de Lázaro, Maria e Marta, convidam Jesus para sua casa. Irritada pela falta de ajuda da sua irmã, Marta reclama com Jesus. Eu amo a liberdade que ela teve, de ser ela mesma na frente do Criador do universo.

Ao invés de defender o lado dela e dizer que Maria deveria ajudar sua irmã, Jesus se voltou a Marta e a instruiu amavelmente, começando com as seguintes palavras: "Marta, Marta, você..." (Lucas 10:41). Ele a instrui que apesar dela se preo-cupar tanto com tantas coisas, somente uma realmente era a mais importante: Jesus e Suas palavras.

Jesus não disse a Marta que ela não importava. Ele sim-plesmente redirecionou seu foco, da sua irmã e das tarefas mundanas para as coisas mais importantes – o dom da Sua presença. Para focar-se em Jesus, ela precisava renunciar as suas preocupações, liberar as outras pessoas de suas expec-tativas impostas, e olhar somente para Ele.

— Marta, Marta, você.

Em outras palavras, examine-se.

Eu tinha o costume de suspirar bem alto enquanto tra-balhava pela casa para fazer meu esposo sentir-se culpado enquanto ele descansava no sofá depois do trabalho. Nunca funcionava. Sem sentir nenhum incômodo, ele literalmente caía no sono. Agora eu consigo dar risada disso, mas naquela época eu não conseguia. Cresci num ambiente caótico, e meu único senso de controle era manter meu ambiente organi-zado. Mesmo que a organização ainda seja importante para mim, ela não mais me governa.

Aprendi a renunciar as coisas, parar de fazer demandas para que as pessoas me auxiliem na realização das minhas tarefas, e pedir por ajuda de uma forma saudável ao invés de passiva-agressiva. Porventura eu ainda fico irritada quando tropeço nos tênis tamanho 46 do Ted, jogados ao lado do sofá? Ah, sim.

Progresso. Não perfeição.

E este é o trajeto, na jornada de vítima-a-vitorioso. Nosso alvo não é a perfeição. Nosso alvo é o progresso. E de pouco em pouco, ficamos tão animados em viver novamente que já nem nos importamos mais em mancar.

CAPÍTULO 13

FORME UMA FAMÍLIA

Curando seus relacionamentos

N aquele mesmo voo em que eu estava lutando contra aquela infecção desconfortável e pedi ajuda para a comissária de bordo, nós pousamos tarde demais em Las Vegas para embarcar no nosso próximo voo de conexão para a Califórnia.

A linha aérea proveu um quarto de hotel gratuito, por cortesia. Mas no mesmo segundo em que eu vi o estado imundo do *lobby*, eu sabia que seria impossível ficar hospedada ali, menos ainda devido ao meu passado, onde meus abusadores me levavam a hotéis decadentes. Busquei a internet para encontrar outro lugar para me hospedar enquanto outros passageiros que também haviam sido remanejados daquele voo chegavam para fazer o *check-in* na recepção do hotel. Foi então que, numa questão de minutos, tudo mudou.

Desviei brevemente o olhar da busca que fazia no meu celular para olhar para cima. Uma jovem moça, aproximadamente da idade da minha filha, aguardava na fila atrás de mim. Quando eu vi seu rosto, esqueci de todos os meus problemas.

— Oi, querida. Você está com medo?

— Sim – ela respondeu, enquanto as lágrimas ameaçavam começar a jorrar.

— Bem – eu disse —, está vendo aquele homem bem grande, logo ali? Aquele é o meu marido. Encontre um quarto ao lado do nosso. Vou revistar seu quarto para você, atrás das cortinas e atrás das portas, e vou te passar nosso número de telefone. Se alguém tentar te encarar, eles precisarão encarar meu esposo primeiro.

O alívio tomou conta de sua feição. Olhei por todo lado, percebi que havia diversas outras mulheres, e lhes apresentei o Ted, eleito o nosso mais novo guarda-costas.

— Vamos formar uma família – eu disse para todas elas. Nós nos reunimos, trocamos contato, e me certifiquei de que o nosso quarto de hotel estivesse próximo ao delas. Tentando trazer leveza, mencionei sarcasticamente o quanto estava feliz por estar hospedada nesse hotel, além do bônus de estar lutando contra uma infecção. Todas nós rimos, e então uma das mulheres perguntou se por acaso eu era paciente de uma certa clínica na nossa cidade. Quando eu disse que sim, ela mencionou que ela trabalhava lá também, e que ela faria o pedido de uma receita médica em meu nome. Eu mal pude acreditar no desfecho inusitado dessa história.

Depois de revistarmos todos os quartos das mulheres à procura de esquisitões – e não encontrarmos nenhum – Ted e eu fomos dormir. Fiquei por cima dos lençóis, com meu casaco a noite toda, e consegui dormir um pouco. No dia seguinte, ao embarcarmos no avião de volta para casa, agradeci à mulher por sua gentileza comigo.

— Bem – ela respondeu –, foi você quem fez de nós uma família.

Não conto essa história para me vangloriar. Conto isso pelo seguinte motivo: talvez você não tenha tido uma família saudável quando criança, mas você pode formar a sua própria, onde quer que esteja.

Até mesmo num hotel assustador.

Encontrar um grupo de pessoas com as quais você se identifica e assim formar uma família é um dos passos mais importantes na sua jornada de cura. E você tem a permissão de Jesus para fazê-lo. Ele nos diz no evangelho de Lucas que Sua família consiste das pessoas que fazem a Sua vontade. E você pode encontrar uma nova mãe e um novo pai, e novos irmãos e irmãs em Cristo. Essa é a vontade de Deus.

Nunca me esquecerei da primeira vez que testemunhei o que é uma verdadeira família eclesiástica. Depois de muitos anos vivendo nos Estados Unidos, retornamos para a África do Sul para fazer uma visita. Obviamente, todos os parentes que havíamos deixado para trás quiseram nos visitar.

Particularmente, a minha tia maravilhosa pediu que ficássemos hospedados em sua casa em Joanesburgo. Acordar debaixo de um edredom confortável ao cheiro de chá e torradas me fez voltar às lembranças mágicas da minha infância. Tudo aquilo parecia um sonho.

— Olá, minha querida – ela me cumprimentou, conforme eu entrei na cozinha, envolvendo-me em um abraço acolhedor. Sentia-me tão segura, tão amada, meus olhos se enchem de lágrimas, só de pensar.

Durante aquele tempo, frequentamos sua igreja. Um ambiente totalmente simples, sem pompas. Depois de cantarmos alguns louvores, o pastor subiu ao púlpito e espalhou suas anotações sobre uma antiga estante de partituras. Ele anunciou a refeição comunitária semanal e relatou acerca de uma pessoa que estava em suas orações e que ainda não tinha mudado de trajetória. Todos sussurraram, decepcionados. Alguns anotaram um lembrete para orarem. Então, ele entregou seu sermão, sem nunca erguer sua voz, e mesmo assim eu lembro de sua fala até hoje sobre o amor.

Naquela noite, participamos do jantar comunitário em família. Todos trouxeram algo e me incentivaram, "Você precisa experimentar a receita de pão da tia Aubrey; sempre acaba rápido". As pessoas estavam reunidas em pequenos grupos, alguns sentados e outros em pé, para compartilhar as novidades, umas com as outras. Ninguém foi excluído. Os pedidos de oração não eram fofocas disfarçadas; aquelas pessoas se amavam genuinamente.

Aquela noite transformou minha vida. Eu percebi que precisava de uma família.

Minha jornada teria sido completamente diferente se eu tivesse permanecido na igreja da minha tia. Sei com absoluta certeza de que eu teria começado meu processo de cura dentro daquele ambiente transparente e seguro que eles modelavam. Como poderia não ser curada?

Eu não encontraria uma comunidade semelhante a esta por anos, até que eu começasse meus estudos no seminário. Naquela altura, muita coisa já tinha mudado dentro de mim. Eu estava ainda mais ferida e extremamente receosa. Minhas feridas eram muito profundas, e eu não confiava mais em ninguém.

Durante uma das minhas aulas, um homem muito amigável chamado Tim me convidou para visitar sua casa: — Minha esposa e eu lideramos um grupo que se reúne em minha casa, a cada duas semanas. Venha nos visitar. Tudo muito simples, não se preocupe em trazer nada.

— *Okay* – disse eu, ao mesmo tempo em que eu decidi que iria evitá-lo como se fosse uma praga.

Tim continuou a me convidar por diversas semanas, até que, através de pura vergonha, eu finalmente aceitei visitá-

-los, prometendo para mim mesma que essa primeira visita também seria a minha última.

Quando eu cheguei, sua amável esposa me cumprimentou. Eles têm uma filha adorável, que me pegou pela mão e me levou até seu quarto para me mostrar seus ursinhos de pelúcia e suas bonecas. O jantar foi um tipo de refeição compartilhada – não é sempre assim? –, seguido de muito café e sobremesa. Ao final, como se fosse um túnel do tempo que me transportou de volta à África do Sul, as pessoas abertamente compartilharam seus pedidos de oração. Elas intercederam umas pelas outras com tanto amor e cuidado; aquilo derrubou meus muros de proteção. Para a minha própria vergonha, comecei a chorar. Precisava sair daquela sala. As mulheres me acompanharam e me envolveram num grande abraço. Elas não tentaram consertar nada em mim. Elas apenas se assentaram comigo e eu pus tudo para fora.

Anos de solidão esvaíram-se enquanto eu liberava toda a dor acumulada. Depois que parei de chorar, com uma pilha de lencinhos sobre o meu colo, eu sorri para todas elas: — Obrigada.

— Mas é claro – responderam com gentileza. E foi assim. Pelos três anos seguintes, elas se tornaram o grupo com o qual eu me identificava e confiava, a minha família.

No livro de Atos, aprendemos que os crentes da igreja primitiva se reuniam, "todos os dias no templo e partindo o pão em casa, comiam juntos com alegria e singeleza de coração" (Atos 2:46).

Singeleza de coração. Nada muito glamuroso, e ainda assim tão valioso. Elas não só visitavam os lares umas das outras.

Essas pessoas se tornaram o lar umas das outras.

Elas desejavam tanto a companhia uma das outras que elas não podiam esperar até o próximo Sabbath. Elas se reuniam diariamente, buscando com novos olhos o que aprenderiam sobre Jesus nas páginas das escrituras. É assim que o corpo de Cristo deve ser. Nós nos disponibilizamos uns para os outros e aprendemos sobre Jesus.

Também sabemos que elas tinham conflitos. Muitas das cartas de Paulo lidam com situações que estavam indo mal. Contudo, conforme elas continuaram, e conforme nós também continuamos a crescer, aprendemos a nos amar – até mesmo em meio a conflitos.

———————————

Eu amo uma boa comida. Por mais que eu goste de comer, eu gosto ainda mais de preparar refeições para os outros.

Por ser criada na cultura e hospitalidade inerentes do povo do sul da África, nós praticamente alimentamos as pessoas até elas sentirem que vão explodir de tanta comida que oferecemos enquanto elas estão sentadas à nossa mesa, e ainda pressionando-as a repetir pela segunda ou terceira vez. Meu esposo teve que me dizer cuidadosamente que isso pode ser considerado falta de educação aqui nos Estados Unidos. Eu ainda preciso aprender a abrir mão deste costume.

Quando o Teddy e eu começamos a convidar nossos amigos para a nossa casa, decidimos que começaríamos cada reunião sentados ao redor da mesa. Também estabelecemos algumas regras de praxe, não que precisássemos instruir nosso grupo, mas para nos guiar como anfitriões. Essa foi a forma que encontramos de garantir que teríamos um ambiente onde nossos amigos se sentiriam o mais seguros possível para se sentirem amados.

Espero que lhe seja útil para os momentos de encontros com a família que você formou:

- Estabeleça um horário de início e de término, e fique dentro do horário. Isso sinaliza respeito.

- Ofereça uma refeição. Peça as pessoas que contribuam, a não ser que elas não tenham os meios para isso.
- Tomem a ceia juntos.
- Sua casa não precisa estar imaculada, mas deve estar bem-organizada.
- Adore Jesus. Você não precisa de equipamento de ponta para isso.
- Não tolere fofoca ou grosseria.
- Modele um comportamento amável.
- Não tente consertar as pessoas.
- Orem uns pelos outros.
- Medite nas Escrituras. Convide todos para compartilharem, e celebre suas revelações.
- Envie mensagens de texto uns para os outros durante a semana.
- Amem uns aos outros de todo o coração.
- Deixe as pessoas seguirem o ritmo delas, e libere-as com uma bênção se acaso elas sentirem que chegou o momento de deixarem o grupo.
- Modele a humildade.
- Divirta-se.
- E, como Larry Titus sempre diz, "Apague as luzes assim que todos partirem".

———————————

Penso que é divertido demais formar famílias por onde quer que a gente passe. As famílias verdadeiras crescem em suas conexões e edificam o Reino de Deus. Não temos interesse próprio. Cuidamos uns dos outros.

Tive a oportunidade de conhecer um dos meus heróis – Bob Goff. Ele já escreveu diversos livros sobre o amor e modela o exemplo verdadeiro de tudo aquilo que ele acredita. Fiquei muito empolgada quando descobri que ele é completamente genuíno, tanto pessoalmente, quanto ele aparenta ser em público. Notei imediatamente que ele não estava interessado em manter as pessoas a uma certa distância. Ele genuinamente queria que todos se sentissem especiais, ajudando todos a caminharem em direção aos seus sonhos. Isso me faz lembrar de Jesus.

A Bíblia diz que Jesus é o nosso irmão. Nós somos parte da família d'Ele, e Deus é o nosso Pai. Quando amamos as pessoas, nós agimos como Ele age.

Surpreenda as pessoas com amor.

Elogie as pessoas que tem uma aparência diferente da sua, demonstre interesse pelas pessoas, decore os seus nomes, ame cada uma delas. Seja gentil com o garçom que está apurado te servindo no restaurante, dê-lhe uma gorjeta muito além do esperado. Mais importante ainda, construa uma família grande e diversificada, onde quer que você passar.

Eu literalmente mal posso esperar para te conhecer pessoalmente, querida irmã, querido irmão. Mesmo que eu não possa prometer que não irei indagar se acaso você precisa de uma segunda – ou terceira – pratada de comida, posso prometer que farei com que se sinta bem-vindo em meus braços, através de um grande abraço. E, caso seja necessário, posso voluntariar o Ted para te proteger contra os invasores.

Afinal de contas, é para isso que servem as famílias.

PARTE QUATRO

DÊ
SIGNIFICADO À
SUA HISTÓRIA

CAPÍTULO 14

A ÁRVORE DO SOFRIMENTO

Curando através do perdão

U m certo inverno, enquanto visitava minha irmã em Michigan, caminhei pela floresta próxima à sua casa, pisando pelas folhas secas e resistindo aos ventos fortes e gelados. Minha respiração parecia ser nuvens congelantes.

Deparei-me com uma cerca de arame farpado aparentemente muito antiga às margens de sua propriedade e parei para examinar um carvalho gigante que havia despencado sobre a cerca. Ao invés de quebrar o arame, a árvore ainda viva continuava a crescer desforme, incorporando o arame farpado ao veio dela.

Algumas pessoas acreditam que o sofrimento e o luto naturalmente diminuem com o tempo: que, conforme crescermos, nós nos esqueceremos deles. Mas isso simplesmente não é verdade. O sofrimento se assemelha mais ao arame farpado, entrelaçado para sempre com o carvalho.

Examine cuidadosamente qualquer toco de árvore, e você perceberá os anéis no seu tronco. Cada anel representa um ano na vida daquela árvore. Ao examinar mais de perto – e se souber exatamente o que observar – você poderá encontrar pistas do que a árvore enfrentou durante os diferentes períodos.

Anéis muito justos podem indicar um ano desafiador de seca para aquela árvore. Desprovida de água, ela não cresceu muito naquele ano. Alguns anéis comprovam a existência de uma pestilência. Outros anéis estão cobertos de cicatrizes feias, marcados pela queda de um raio.

Mas aquele carvalho? Sem dúvida, ele continha o arame farpado entrelaçado com inúmeros de seus anéis. A evidência de anos de sofrimento permanecia dentro daquela árvore. Surpreendentemente, a árvore continuou a crescer.

Da mesma forma, carregamos a evidência do sofrimento em nossas almas. Mas quando depositamos nosso luto nas mãos de Jesus, que nos cura com tanta ternura, descobrimos algo profundo. Não apenas continuamos a crescer, florescemos.

Nossas folhas provêm o abrigo para os outros.

O fruto do amor nasce através de nós.

Fortes e eretos, superamos as ervas daninham que tentaram nos amarrar.

Isaias 53:3 profetiza que Jesus seria "um homem de dores e experimentado no sofrimento". Nosso Messias sofreu, não pelo que Ele fez, mas pelo que nós fizemos – e possivelmente ainda faremos. Eles o pregaram ao madeiro mais significativo do sofrimento que a humanidade conhecera. Deste madeiro, Ele clamou, "Pai, perdoa-lhes, pois não sabem o que estão fazendo" (Lucas 23:34).

O perdão e o sofrimento há muito se entrelaçaram.

Quando obedecemos ao mandamento de Deus de perdoar e estender a graça sobre os outros, honramos o maior sacrifício de Jesus. Em tais atos, reconhecemos a misericórdia inexplicável que recebemos. Assim como custou um alto preço para Ele oferecer-nos o perdão, perdoar os outros nos custará um alto preço.

O autor Tim Keller expressa esse conceito da melhor forma: "A graça e o perdão de Deus, mesmo sendo gratuitos para seus recipientes, tem sempre um alto preço para seu doador.... Desde as partes mais antigas da Bíblia, entendeu-se que Deus não poderia perdoar sem sacrifício. Ninguém que tenha sido prejudicado pode 'simplesmente perdoar' seu infrator.... Mas quando você perdoa, isso significa que você absorve a perda e a dívida. Você mesmo a carrega. Todo o perdão, portanto, tem um alto preço."[1]

Keller está se referindo a passagens, tais como Gênesis 3. No Jardim do Éden, quando Adão e Eva pecaram, Deus estabeleceu limites onde antes não era necessário. Ele prometeu um Salvador. Então, Ele sacrificou um animal para vesti-los. Um animal sofreu aquele dia para poder cobrir os filhos de Deus.

Aproximadamente quatro mil anos depois, o Salvador prometido chegou. Jesus sofreu voluntariamente na cruz, e através do seu sacrifício, que custou um alto preço, Ele perdoou e cobriu os filhos de Deus. Para dar o acesso eterno ao Seu Pai, Ele absorveu toda a dívida, que nunca poderíamos quitar.

———

Como, então, podemos perdoar? Como estendemos esta

———

1   Disponível em: https://www.goodreads.com/quotes/260429-god-s-grace-and-forgivenesswhile-free-to-the-recipient-are#:~:text=No%20one%20who%20is%20seriously,forgiveness%2C%20then%2C%20is%20costly.

dádiva de alto custo? Deixe-me assegurá-lo, caso alguém tenha lhe dito algo diferente.

Não acontece tudo de uma vez.

Receba a graça de Deus ao participar do processo do perdão. Ele começa quando você dá início, corajosamente, à sua jornada de cura. É reconhecer que você merece e deseja ter a liberdade – uma nascente do perdão. Esta graça é o resultado da nossa jornada de cura, apesar de estar presente desde o início.

A sobrevivente ao Holocausto, Corrie Ten Boom, disse: "Perdoar é liberar um prisioneiro e então descobrir que este prisioneiro era você".[2] Eu desconhecia essa frase de Corrie vinte anos atrás quando meu professor de seminário nos incumbiu a missão de escrever uma pequena redação sobre nossa trajetória de vida, mas ela sumariza perfeitamente minha história.

A JAULA

Havia uma criatura abusada e amedrontada, que jazia numa jaula. Ela fora enjaulada pelas pessoas que odeiam animais. Um dia, Jesus abriu a porta, mas a fera amedrontada, temia sair. Ela preferia permanecer naquela prisão tão familiar, mesmo que estivesse repleta de medo e imundícia, do que arriscar-se rumo ao desconhecido.

Jesus foi paciente com ela. Ele não a forçou para fora da jaula. Ele entendia que até mesmo a manta apodrecida sobre a qual ela se deitava era tudo o que ela tinha e, portanto, era especial para ela.

Depois de um tempo, Ele colocou uma tigela de leite morno do lado de fora da porta. A criatura cautelosamente provou um pouquinho e, temendo uma armadilha, recuou para o canto mais escuro e profundo da jaula. Com o tempo, ela começou a se aproximar da tigela com mais frequência.

---

2   Disponível em: https://www.goodreads.com/quotes/1283918-to-forgive-is--to-set-a-prisoner-free-and-discover

Depois de um longo tempo, Jesus estendeu gentilmente sua mão, cicatrizada pelo prego. A criatura observou com precaução e ainda assim ficou intrigada. Ela entendia de cicatrizes, visto que ela também tinha algumas.

Em um ato de amor, ela lambeu a ferida de Jesus, entristecida por Ele também haver sofrido. Ela ouviu o lamento. Ela olhou para cima e viu as lágrimas escorrendo pela face de Jesus. Ele a amava? Ele estava entristecido por ela? Sim, Ele a amava. E sim, estava.

Ele estendeu seus braços para ela. Em um ato de coragem, ela deu um passo em direção aos braços de Jesus, e Ele a trouxe para bem perto de Seu coração. Ali ela permaneceu, os dois juntos, chorando pelas feridas, pelo sofrimento, pelo preço do perdão.

Assim como Corrie Ten Boom descobriu, e eu também descobri, o amor e o perdão nos libertam de prisões. E na nossa liberdade, liberamos os outros. Uma vez que eu fui curada, eu não mais me importava se meus abusadores admitiriam seus erros – se me prestariam contas. Eu sabia que Deus lidaria com todos eles porque, através do perdão, eu havia entregado cada um deles nas mãos do justo juiz.

Jesus não nos pede que façamos qualquer coisa que Ele já não tenha feito. Ele nos deu o Espírito Santo para prover-nos com tudo o que nos é necessário para o processo do perdão.

Meus mentores tinham um sofá florido onde eu me assentava, junto com o meu marido. Ted permaneceu ao meu lado fielmente por dois anos, segurando minha mão, enquanto eles me guiavam através de minha jornada de cura. Ao final do nosso tempo juntos, mesmo se estivesse com os olhos fechados, eu podia redesenhar detalhe por detalhe, cada flor, desde sua folha, pétala por pétala, e ramo, visto que eu frequentemente ficava cabisbaixa, olhando para aquela estampa de sofá, para chorar.

Gradualmente, comecei a erguer minha cabeça com mais frequência, com o apoio do seu amor extraordinário. Quando Ted e eu abraçamos os dois no momento da despedida, eles me envolveram com seus braços e me seguraram ali por um longo tempo.

— Obrigada – eu disse, através de lágrimas de gratidão. — Eu percebi uma coisa outro dia. Você nunca me mandou perdoar.

— Claro que não – respondeu a esposa.

Com sua permissão graciosa, eu compartilho agora com você a explicação lógica que minha amiga me deu.

— Você foi quebrada, e estilhaçou-se em muitos pedaços. Nosso foco estava completamente em você. Todas as suas partes quebradas precisavam ser curadas: o abuso, negligência, pesadelos, medos, como você se sentia acerca de si mesma, a dor dentro do peito, as visitas à sala de emergência, e muito mais. Ao ficarmos totalmente do seu lado e te escutarmos, pudemos esperar pela direção do precioso Espírito Santo. Por mais importante que o perdão seja, ainda não era tempo para isso. Isso teria se tornado um obstáculo no seu processo. Você estava muito fragilizada, seus ferimentos eram muito severos. Conforme você foi se libertando de tudo isso, você naturalmente assumiu a sua responsabilidade pela liberação de perdão.

Pude reconhecer a sabedoria daquela mulher. Eu só pude perdoar porque eles abriram espaço para a minha cura. Quanto mais amada me senti, mais curada fui. E conforme eu sarei, eu perdoei.

É natural, mais do que natural, que o perdão leve um tempo.

———————

Quero afirmar outra verdade sobre o perdão. Ele não requer que você confronte o abusador.

No excelente capítulo sobre perdão, contido no livro que citei anteriormente, da autora Shawna Marie Bryant, ela explica:

> Outro mal-entendido sobre o verdadeiro sentido do perdão vem da ideia de que devemos confrontar o infrator para então poder perdoá-lo. De acordo com o grego original, perdoar uma ofensa desfaz os efeitos negativos e desconsidera o infrator. Você pode perdoar alguém sem nunca ter de ver ou falar com aquela pessoa novamente.

Isso é de extrema importância para as pessoas sobreviventes de abusos.

Se você foi vitimizado, você nunca mais precisará envolver-se com aquela pessoa ou aquele grupo novamente.

Eu já liberei o perdão sobre várias pessoas que me abusaram e que nunca saberão que o fiz. Por causa disso, elas não têm mais nenhum poder sobre minha vida. Eu estou nos braços de Jesus – estou muito ocupada sendo amada por Ele para dar a elas qualquer pedaço de mim.

Seu trabalho de cura, restauração e perdão pode ser feito de forma privada, na segurança da sua comunidade de escolha. *Você pode manter esse limite pelo resto de sua vida.*

———

Talvez algumas pessoas não lhe tenham ferido tão intensamente. Nesse caso, você poderá desejar reatar seu relacionamento com eles. Este processo, conhecido como reconciliação, envolve ambas as partes que se relacionam de forma recíproca e demanda uma paciência imensa. Talvez você também precise do direcionamento da sua comunidade e possivelmente do apoio de um profissional para te ajudar a manter os limites estabelecidos.

Desde que eu reconheci a disfunção familiar a qual fui

exposta por toda minha juventude, tentei me reconciliar com os meus pais, mas só recebi justificativas vagas em resposta. As justificativas procuram isentar as ações dos infratores. Soa assim: — Eu fiz isso, porque... – enquanto o arrependimento diz: — Eu te feri. Sinto muito. Como poderei restaurar nosso relacionamento?

Papai arrependeu-se plenamente no seu leito de morte. Poderíamos ter tido uma linda história, se ao menos ele tivesse se arrependido mais cedo. Minha mãe, ainda viva, escolheu justificar sua negligência e abandono, juntamente com seus acessos de ira, como se ela fosse uma marionete sendo controlada por alguém através de cordas.

Apesar das minhas tentativas em ajudá-la a entender a diferença entre a justificativa e o arrependimento, ela não estava disposta. Eu perdoei minha mãe, mas de coração partido, precisei deixá-la ir ao final das contas. Talvez você se pergunte por que eu fiquei tentando por tanto tempo. O motivo foi que eu almejava e orava para que houvesse a reconciliação. Ela também estava orando.

Certa vez, quando eu havia me afastado quase completamente, Mamãe me ligou acidentalmente. Felizmente, quando ela percebeu, ela obedeceu ao Espírito Santo, que disse: "Chame-a de volta". Quando eu atendi, ela pediu para discutirmos a nossa relação.

Eu reiterei meus requerimentos para termos um relacionamento genuíno e recíproco. Lembrei-a novamente de que ela havia sido perdoada, mas, para manter-se ativa em minha vida, era obrigatório o arrependimento, não a justificação. Nosso relacionamento continuaria a ser superficial até que ela assumisse a responsabilidade por tudo o que ela havia feito.

Ela pediu que eu citasse um exemplo. Eu expliquei como ela culpava minha tia por ter lhe dado maus conselhos sobre como "silenciar" os meus ataques de pânico. Não entrarei em detalhes, mas eu desenvolvi a claustrofobia devido a essa remediação abusiva. Esclareci que não foi minha tia que colocou o conselho destrutivo em ação. Ela, minha mãe, foi quem o fez. Ela tem a obrigação de assumir a responsabilidade por suas ações e parar de culpar os outros.

Numa virada milagrosa, ela se arrependeu, dizendo: — Eu assumo toda a culpa. O que mais você precisa que eu assuma? – Chocada, eu citei somente mais um incidente, pois ele era a raiz de todos os outros. Ela assumiu *total* responsabilidade por suas ações.

— Jamais quero te perder – ela clamou.

Eu assegurei para ela que, por causa de suas ações aquele dia, ela não me perderia.

O perdão é uma transação de via única. A reconciliação requer que as duas partes estejam dispostas e sejam humildes em compartilhar a responsabilidade. Apesar de custar um alto preço, isso é poderoso.

———

Quando era criança, eu nunca pensei que poderia um dia me sentir melhor.

Eu nunca imaginei ser capaz de ter uma família que fosse minha, com um esposo amável e uma linda filha, inseridos numa comunidade incrível. Nunca poderia prever que haveria gargalhadas – daquelas que você segura sua barriga, tentando recobrar o fôlego – porque uma amiga disse algo engraçado. E nem tampouco podia imaginar a alegria contagiante que sentiria pelas coisas comuns, como tomar um café expresso com um *croissant* quentinho, sentindo-me completamente em paz, de uma vez por todas.

Quem dera eu pudesse voltar atrás e ter uma conversa com aquela menina. Eu seguraria sua mão com todo o amor e compreensão e diria a ela:

Não se preocupe, com nem uma coisa sequer. Esta dor que você está sentindo se transformará em algo completamente incrível. Deus, que te chamou para curar, irá curar sua dor apesar de tudo o que aconteceu. Ele o fará. Apenas confie n'Ele.

Você nunca se esquecerá do seu sofrimento. E não deve mesmo! É assim que você honra sua jornada, a si mesma, e a obra de cura que Jesus realizou. O arame farpado sempre fará parte de ti— mas não de uma forma devastadora, como você imagina. Ele se tornará um símbolo de superação. Apesar dele, você vai crescer e frutificar.

Continue crescendo, continue perdoando, e em breve – ah, muito em breve – sua vida será quase linda demais para se contemplar.

CAPÍTULO 15

PARA SALVAR A VIDA DE MUITOS

Curando seu legado

Quando eu estava no segundo ano primário, nossa escola na África do Sul produziu uma apresentação de final de ano para os pais, parentes e amigos dos alunos. Centenas de membros da comunidade local encheram o auditório da escola, com grande antecipação pelo evento, munidos de câmeras e *flashes*; afinal de contas, era a década de setenta.

Todo ano, a tradição ditava que atuássemos na mesma apresentação. O *show* sempre foi o mesmo. Os alunos do jardim da infância usavam vestimentas fofas de bonecas de pano e apresentaram uma dança, enquanto os alunos do terceiro ano primário vestiam figurinos que se assemelhavam a nuvens de chuva e flores. O resto das outras turmas vestiam outros figurinos fofos e divertidos – todos em trajes completos.

Mas não os alunos do primeiro ano. Estávamos vestidos como dançarinos havaianos, de saias de palha e um colar de flores de plástico. Só isso.

Nada de saias coloridas, ou cocos, nada de nada.

Tal coisa deveria ser contra a lei. Nunca me esquecerei como todas nós, as garotas, estávamos aterrorizadas por trás das cortinas, temendo atuar nossa dança na frente da multidão. Para o nosso horror, nossa professora nos apressou para o centro do palco enquanto o som dos *flashes* sendo disparados enchiam o ambiente.

Gostemos ou não, cada um de nós acaba sendo o recipiente da tradição familiar – um legado que nos é transmitido. Algumas pessoas são recipientes de tradições divinas, herdando o amor dos pais que as amava profundamente e criando um lar seguro. E nós outros? Bem, digamos que nossas tradições se pareceram bastante com uma dança seminua sobre um palco. Porém, o que eu aprendi no final de tudo, foi o seguinte:

Independente do que aconteceu comigo, eu posso escolher o que acontecerá através de mim.

Embora eu não saiba ao certo até o dia que encontrá-lo novamente no céu, acredito que meu pai ficará orgulhoso de mim, por eu ter escolhido compartilhar a verdade sobre a história sombria da nossa família. Nos seus últimos momentos, quando Papai me disse que ele não queria ver Jesus sem antes me pedir perdão, ele finalmente reconheceu que Jesus se importava profundamente com a forma na qual ele havia me tratado. Ele entendeu que a verdade precisava vir à tona.

Assim como a tocha olímpica permanece acesa ao ser passada de um atleta para o próximo, a verdade que Papai reconheceu tornou-se a tocha a qual eu me apossei. Espero gastar o resto de minha vida usando essa tocha para iluminar outras vidas que se encontram aprisionadas na escuridão – para afirmar que Jesus se importa profundamente com o que aconteceu com elas.

Deixei este capítulo para o final porque, com exceção da

cura, eu creio que o direito mais essencial para todo sobrevivente de abuso é o nosso direito a um legado de amor. Gênesis nos relata uma história excelente sobre José, filho de Jacó, e sua jornada incrível, de filho favorito a escravo e a governador do Egito.

O favoritismo de Jacó gerou a hostilidade entre os meios-irmãos de José, especialmente quando ele presenteou José com uma linda capa, mas não fez o mesmo para os irmãos.

A hostilidade se agravou quando José compartilhou um sonho revelado a ele por Deus, onde seus irmãos encurvavam-se diante dele. Apesar da reação furiosa de seus irmãos, e em meio a um lapso de julgamento bem sério, José escolheu compartilhar outro sonho onde a família inteira se prostrava diante dele. Completamente irados, seus irmãos armaram uma emboscada buscando sua morte e, no final das contas, arrancaram sua capa e o venderam como escravo a uma caravana de ismaelitas que seguia rumo ao Egito.

Os irmãos retornaram para casa, mas a provação de José havia apenas começado. Depois de um martírio terrível que durou vinte e dois anos – longo demais para detalhar aqui –, José eventualmente se torna o governador do Egito. Durante a fome, seus irmãos chegam para pedir comida e, sem reconhecê-lo no papel de governador, eles finalmente se prostram diante de José.

Quando José revela sua identidade aos irmãos, ele chora tão alto que toda a nação fica sabendo do seu sofrimento. Mas o ponto principal acontece agora.

Quando os irmãos de José temeram – com razão – uma retaliação, José os assegurou de que não foram eles que o enviaram ao Egito. Deus o havia feito. Ao dizer isso, José retirou o aparente poder que eles exerciam sobre ele e o depositou nas mãos de Deus.

Então, ele confortou seus irmãos com as seguintes palavras: "Vocês pretendiam me fazer o mal, mas Deus planejou tudo para o bem. Colocou-me neste cargo para que eu pudesse salvar a vida de muitos" (Gênesis 50:20, NVT).

Depois de resistir a vinte e dois anos de prejuízos, separação, sofrimento físico e dores emocionais, José encontrou sentido no seu sofrimento. Ele entendeu que essa foi a única forma para um jovem temente a Deus se tornar o governador de uma nação pagã.

Apesar do mal que seus irmãos lhe acarretaram, José enxergou a situação com um propósito maior. Deus quis que esta terrível provação fosse para o bem – para salvar a vida de muitos.

Será que tocaremos tantas vidas quanto José tocou? Provavelmente não. Mas será que poderemos impactar mais vidas do que jamais imaginamos? Certamente que sim.

Assim como uma pedrinha arremessada sobre um lago cria um efeito de ondas muito além do seu impacto inicial, assim também será quando escolhermos ser curados.

Quando eu escolhi a cura, eu me valorizei.

Quando me valorizei, escolhi um parceiro amoroso.

Quando escolhi um parceiro amoroso, juntos nós formamos uma família amorosa.

Quando formamos uma família amorosa, nós forjamos um legado de amor.

Nunca saberei como as minhas escolhas transcenderão o meu tempo de vida, mas de uma coisa eu sei: minha decisão de curar já afetou três pessoas – meu esposo, minha filha e a mim. Mesmo que isso talvez não aparente ser grande coisa, para mim é tudo. Eu sei o alto preço que a minha vitória custou. E me orgulharei de contar minha história para o meu Pai celestial, quando O encontrar face a face.

Embora eu tenha um pressentimento de que Ele já deva estar ciente de tudo, e está muito orgulhoso de mim, também.

SOBRE A AUTORA

Andi Bull é uma cristã devota, esposa e mãe, que gosta de passar tempo com os amigos, a família e os cachorros – de preferência na praia, com uma xícara de café na mão. Ela mora no ensolarado estado da Califórnia, adora fazer body-surf e comer bolo comprado no mercado, já que é péssima na cozinha. Coautora de dois livros, esta é sua primeira obra escrita de forma independente.

Uma parte da renda obtida com este livro será destinada ao apoio de iniciativas contra o tráfico humano.

CONTATO

www.andibull.com

andibull@andibull.com

www.ingramcontent.com/pod-product-compliance
Lightning Source LLC
Chambersburg PA
CBHW031523120626
46545CB00005B/1978